메톤이 들려주는 달력 이야기

메톤이 들려주는 달력 이야기

ⓒ 김충섭, 2010

초 판 1쇄 발행일 | 2005년 11월 1일
개정판 1쇄 발행일 | 2010년 9월 1일
개정판 11쇄 발행일 | 2021년 5월 31일

지은이 | 김충섭
펴낸이 | 정은영
펴낸곳 | (주)자음과모음

출판등록 | 2001년 11월 28일 제2001-000259호
주   소 | 04047 서울시 마포구 양화로6길 49
전   화 | 편집부 (02)324-2347, 경영지원부 (02)325-6047
팩   스 | 편집부 (02)324-2348, 경영지원부 (02)2648-1311
e-mail | jamoteen@jamobook.com

ISBN 978-89-544-2065-5 (44400)

메톤이 들려주는
달력 이야기

| 김충섭 지음 |

절대 없어서는 안 되겠군!!

|주|**자음과모음**

메톤을 꿈꾸는 청소년들을 위한 '달력' 이야기

우리 주변에는 온갖 종류의 달력들이 있습니다. 오늘날 우리의 삶은 달력과 떼려야 뗄 수 없을 정도로 달력에 맞춰져 있습니다.

"신은 낮과 밤을 만들었지만 인간은 달력을 만들었다."라는 말이 있습니다. 그만큼 달력은 인간이 만들어 낸 걸작이라고 할 수 있습니다.

어떻게 인간은 달력을 만들어서 사용할 생각을 하게 되었을까요? 알고 보면 그것은 우연이 아닌 필연적인 결과였습니다.

지구상에는 밤낮이 바뀌거나 달이 차고 기우는 일, 계절의 변화 등 여러 가지 주기적인 순환이 있습니다. 지구에 살고 있는 모든 생명체들은 이러한 자연의 순환 주기에 순응하여 살아가고 있습니다.

원시 시대를 살았던 인간 역시 마찬가지였습니다. 그래서 인간은 자연의 순환에 맞추어 생활해 가는 것이 순리라는 사실을 깨닫게 되었고, 그 때문에 달력을 만들어 낸 것입니다.

우리는 달력을 들여다보면서 미래의 계획을 세우기도 하고, 닥쳐올 날을 준비하기 위해 날짜를 꼽아 보기도 하며, 달력에 특별한 기념일을 적어 두기도 합니다.

우리는 일상적으로 달력을 사용하고 있지만, 곰곰이 생각해 보면 달력에는 궁금한 점이 무척 많습니다.

이 책에서는 달력 속에 숨겨져 있는 많은 사실들, 우리가 당연하게 생각하거나 무심코 넘어갈 수 있는 것에 대한 이야기를 하고자 합니다.

'인간은 어떻게 달력을 만들었는가?'에 대한 궁금증을 이제부터 하나씩 풀어 가 보겠습니다.

김 충 섭

차례

달력 이야기의 시작

메톤 주기란 무엇일까요?
그리스 시대에 살았던 메톤의 업적에 대해 알아봅시다.

1

달력 이야기의 시작

교. 초등 과학 6-2   4. 계절의 변화

과.

연.

계.

메톤이 학생들에게
자기 소개를 하며
첫 번째 수업을 시작했다.

메톤에 대한 이야기

안녕하세요? 나는 메톤입니다.

여러분은 내가 누군지 잘 모르지요?

＿ 예!

그렇다면 내가 들고 있는 게 무엇일까요?

＿ 달력이오.

맞아요. 달력입니다. 그리고 나는 바로 이 달력을 만드는

원리를 발견한 사람입니다. 나는 기원전 5세기경 그리스 아

테네에서 활동했어요.

요즘은 학교에서 달력을 만드는 원리를 배우지요? 달력의 원리를 아는 사람들은 그까짓 달력 만드는 게 뭐 그리 어려운 일이라고 생각할지도 모르겠네요. 하지만 맨 처음 달력을 만드는 일은 쉬운 일이 아니었답니다.

달력에 양력과 음력이 있다는 이야기는 들어보았지요?

— 예.

그러면 이 달력은 어떤 달력일까요?

— 양력.

— 아니에요, 음력이에요.

둘 다 맞습니다.

내가 들고 있는 이 달력에는 양력과 음력이 모두 들어 있습니다. 그러면 양력은 무엇이고, 또 음력은 무엇일까요? 이것은 나중에 자세히 설명할 것이므로 여기서는 간단하게 말하겠습니다.

양력은 해의 움직임에 맞춰서 만들어진 달력을 말하고, 음력은 달의 움직임에 맞춰서 만들어진 달력을 말합니다. 오늘날 세계 각국에서 공식적으로 사용하는 달력은 대부분 양력이지요. 물론 한국에서도 공식적으로 사용하는 달력은 양력입니다.

공식적으로 사용한다는 말은 모든 행사나 일정을 이에 맞춰 지킨다는 것이지요. 쉽게 말해 학교의 개학식이나 입학 시험 등 모든 공식 기록을 양력으로 사용한다는 이야기입니다. 물론 신문이나 텔레비전에서 사용하는 날짜들도 양력을 사용합니다.

공휴일도 양력으로 정해집니다. 예를 들어, 현충일은 6월 6일, 성탄절은 12월 25일이지요. 그런데 한국의 모든 공휴일이 다 양력으로 정해지는 것은 아니더군요.

공휴일 중에서 양력이 아닌 날은 언제인가요?

__추석이오.

__설날이오.

그렇지요! 추석과 설날은 음력으로 정해지지요. 또 하나 더

양력과 음력

예수님 생일은 항상 12월 25일인데, 부처님 생일은 왜 자꾸 바뀌죠?

그건 성탄절은 양력이지만 부처님 오신 날은 음력이기 때문이야!

있습니다. 부처님 오신 날!

해가 바뀌는 새해 첫날을 신정이라고 하지요. 신정은 양력으로 며칠입니까?

__1월 1일이오.

맞습니다. 그러면 설날은 양력으로 며칠이지요?

__2월 1일이오.

__아니에요, 매년 달라요.

그렇지요, 설날은 매년 다르지요. 설날은 음력 1월 1일이지만, 양력으로는 날짜가 매년 달라지기 때문입니다.

가끔 어른들 이야기를 듣다 보면 분명히 지나간 날짜인데, 아직 지나지 않은 것처럼 말씀하시는 경우가 있지요?

그것은 음력 날짜를 이야기하기 때문에 그렇습니다. 음력은 양력보다 대충 1달 정도 늦게 가니까 월과 일이 모두 양력과 다른 경우가 많지요.

메톤이 윤달을 연구하다

내가 활동할 당시 그리스에서 사용하던 달력은 음력이었답니다.

한 달은 며칠인가요?

__30일이나 31일이오.

__28일이나 29일일 때도 있어요.

그렇지요. 가끔 28일이나 29일일 때도 있지만 대부분 30일
이나 31일이지요. 그러면 음력의 1달은 며칠일까요?

__잘 몰라요.

음력의 1달은 29일이나 30일입니다. 그러니까 음력의 1달
은 양력의 1달보다 하루 정도가 짧은 셈이지요. 양력에는 1년
에 몇 달이 있나요?

__12달이오.

그럼 음력에는 1년에 몇 달이 있을까요?

__역시 12달이 있지 않을까요?

생각해 봅시다. 음력의 1달은 양력의 1달보다 하루 정도가
적다고 했습니다. 만일 음력에 12달을 둔다면 어떻게 될까
요?

__음력 1년은 양력에 비해 11일이 짧게 돼요.

그러면 3년이 지나면 어떻게 될까요?

__음력은 양력에 비해 1달 이상 빨리 가게 돼요.

이것은 무엇을 의미할까요?

예를 들어, 음력으로 2월이 봄이었다면 3년쯤 후에는 3월

에 봄이 된다는 뜻입니다.

　그러면 6년이 지나면 4월에 봄이 시작되고, 16년쯤 지나면 9월에 봄이 오는 것이지요. 이렇게 되면 달력을 봐도 도무지 계절을 알 수 없게 되겠지요.

　이런 달력을 사용하면 어떨까요. 아무래도 불편하겠지요. 특히 농사짓는 사람들은 더욱 불편함을 느낄 거예요. 언제 씨를 뿌리고, 추수해야 할지 달력을 보고도 모를 테니까요.

　그렇다면 문제를 해결하기 위해서는 음력을 계절과 맞춰야 하겠지요?

　음력에서 계절이 바뀌지 않게 하려면 어떻게 해야 할까요?

　__1달의 길이를 늘리면 돼요.

　그건 안 되지요! 규칙 위반이거든요.

　음력은 달의 운행 주기에 맞춰서 만든 달력이라고 했지요? 달의 운행 주기가 바로 1달이기 때문에 그것을 바꾸면 달의 운행 주기를 알 수 없게 되거든요. 달의 길이를 바꾸면 그건 음력이라 할 수 없지요. 달의 길이를 바꾸지 않고, 계절을 맞추는 방법은 없을까요?

　__달의 수를 늘리면 돼요.

　그렇습니다! 그래서 사람들은 음력에 달을 더 넣는 방법을 생각했습니다. 이렇게 달력에 12달 외에 추가해서 더 넣는 달을 윤달이라고 합니다.

그리스에서도 달을 더 넣었지요. 처음에는 3년마다 1달씩 윤달을 넣는 방법을 사용했답니다. 그런데 이렇게 윤달을 넣어도 나중에는 또다시 계절과 맞지 않게 된다는 것을 알았지요. 왜 이런 결과가 나왔을까요?

__윤달을 대충 계산해 넣었기 때문이에요.

맞습니다! 윤달을 정확하게 맞춰서 넣지 않으면 언젠가는 다시 계절과 달력 사이가 벌어지게 되지요.

3년이 지나면 음력에서 모자라는 날수가 33일인데, 음력의 1달은 29일이나 30일이므로 3년에 1달을 더 둔다 하더라도

3일 정도가 모자랍니다.

물론 윤달을 넣지 않을 때보다 계절과 어긋나는 것이 10배 정도로 늦춰지긴 했지만 몇 십 년이 지나면 다시 계절과 달력이 맞지 않는 것은 마찬가지였습니다.

그래서 사람들은 원칙 없이 경우에 따라 윤달을 넣었다 말았다 하게 되었답니다. 나는 한 나라의 공식 달력이 이래서는 안 되겠다 싶어서 윤달을 어떻게 넣어야 계절과 잘 맞게 되는지를 연구하기 시작했습니다. 그러면 무엇을 알아야 할까요?

__ 잘 모르겠어요.

힌트를 줄까요? 당시에는 1년의 길이와 음력 1달의 길이를 정확하게 알지 못했답니다.

__ 양력 1년의 길이와 음력 1달의 정확한 길이를 안 다음 그 최소 공배수(둘 이상의 정수의 공배수 가운데서 0을 제외한 가장 작은 수)를 찾아야 돼요!

맞습니다. 그렇다면 그것을 어떻게 알 수 있을까요?

__ 인터넷으로 검색하면 돼요.

그땐 인터넷이 없었답니다. 물론 인터넷이 있었다 하더라도 그 답을 알고 있는 사람은 없었을 것입니다. 방법은 1년의 길이를 직접 측정하는 방법밖에 없었습니다.

그래서 나는 달과 태양의 운행을 관측했습니다. 1년의 길이를 정확하게 측정하기 위해 낮이 가장 긴 날인 하지부터 다시 하지가 될 때까지를 자세히 관측했지요.

당시 그리스의 학자들은 관측하는 것을 중요하지 않게 여기는 경향이 있었지만, 저는 관측이 중요하다고 생각했었답니다. 그리고 마침내 윤달을 어떻게 넣으면 음력과 계절이 잘 맞는지 알아냈답니다. 답은 바로 19년 동안 윤달을 7번 넣으면 되는 것이었지요.

나는 이 결과를 기원전 433년에 열린 올림피아 제전에서 자랑스럽게 발표했지요. 하지만 나는 곧 실망하게 되었습니다. 왜냐하면 나의 이런 위대한 발견을 알아주는 사람이 당시에는 별로 없었거든요.

하지만 지금 생각해 보면 이해가 되기도 합니다. 하루하루 살아가기도 바쁜 사람들한테 19년에 윤달을 7번 넣든, 10번 넣든 그게 뭐 그리 중요한 문제였겠어요.

그런데 수십 년이 지나고 또 수백 년이 지나자 달력의 오차는 눈덩이처럼 커지게 되었습니다. 달력과 계절이 맞지 않게 되자 나의 연구 가치를 알아주는 사람들이 많아졌답니다.

후세 사람들은 내가 발견한 규칙을 19년에 7번 윤달을 넣는다고 하여 19년 7윤법이라 부르기도 하고, 나의 업적을 기려 메톤 주기라고 부르기도 한답니다.

이렇게 해서 내 이름은 달력 역사에 영원히 남게 되었답니다. 그때를 생각하면 지금도 가슴이 뿌듯합니다. 그런데 요즘은 좀 쑥스러운 생각도 듭니다. 왜냐하면 이 주기를 처음 발견한 사람이 내가 아니라고 주장하는 사람들이 있기 때문이지요.

사실 나는 이 주기를 바빌로니아 문헌에서 배웠습니다. 또 당시 그리스와 직접 교류는 없었지만 중국에서도 춘추 시대 때부터 장법(章法)이라는 이름으로 시행되고 있었다고 하고요.

하지만 바빌로니아나 중국에는 이 주기를 발견한 사람의 이름이 남아 있지 않습니다. 나는 처음엔 그 사실이 얼른 이해되지 않았습니다. '아니? 그렇게 훌륭한 업적을 발견한 사람의 이름조차 기록해 놓지 않았을까?' 하고 말입니다.

알고 보니 나는 행운아였습니다. 또 내가 태어난 그리스는 정말 축복받은 곳이었지요.

고대 민주주의가 싹튼 나라가 어디지요?

__그리스예요.

그렇지요. 우리 그리스에서는 개인도 국가만큼이나 소중한 존재였지요. 그래서 개개인이 이룩한 업적을 그 이름과 함께 후세에 남겼습니다. 당시 그리스에서 업적을 남긴 수많은 사람들의 이름은 오늘날까지도 전해져 오고 있습니다. 제가 활약하던 시대의 사람들 이름을 꼽아 볼까요?

소크라테스, 플라톤, 투키디데스, 헤로도토스, 히파티아, 소포클레스, 히포크라테스, 페리클레스, 에우리피데스, 아리스토파네스……

한국은 어떤가요? 그리스 시대 때 한국은 고조선이었습니다. 여러분들도 그때 활약하던 조상들의 이름을 한 번 말해 보세요.

이야기가 길어졌네요. 다음 수업에서는 '달력 이야기'를 더 구체적으로 해 보겠습니다.

2

자연의 순환과 주기

밤과 낮은 왜 생길까요? 또 계절은 왜 변할까요?
우리 주변에서 일어나는 자연의 순환에 대해 알아봅시다.

2

두 번째 수업

자연의 순환과 주기

메톤이 자연에서 일어나는
여러 가지 주기적인
현상에 대해서 이야기하며
두 번째 수업을 시작했다.

밤낮의 순환과 계절의 순환

이 세상에는 반복해서 일어나는 자연의 순환이 있지요. 자연에는 어떤 규칙적인 순환이 있나요?

__밤낮의 순환이오.

그렇지요! 밤과 낮의 순환은 자연의 여러 가지 순환 중에서 가장 분명하면서도 쉽게 알아낼 수 있지요. 낮은 환하고, 밤은 깜깜하니까요.

낮이 지나면 밤이 찾아오고, 밤이 지나면 다시 낮이 돌아옵

니다. 우린 낮과 밤을 합쳐서 날(day)이라고 부르지요. 그러니까 자연에는 '날'이라는 끊임없이 되풀이되는 순환이 있는 셈입니다. 자연에는 또 어떤 규칙적인 순환이 있나요?

　__계절이오.

　맞습니다. 자연에는 사계절의 순환이 있습니다. 가을이 가면 겨울이 오고, 겨울이 지나면 봄이 오지요. 봄이 가면 여름이 오고, 여름이 지나면 다시 가을이 돌아오지요.

　물론 이런 계절의 순환이 언제나 똑같은 것은 아닙니다. 어떤 해에는 큰 태풍이 찾아와서 엄청난 비바람을 몰아오기도 하고, 어떤 해에는 늦봄에 함박눈이 내리기도 합니다.

이런 일들이 일어날 때면 자연은 혼란스럽고 질서가 없는 것처럼 느껴지기도 하지만, 그래도 시간이 지나면 역시 계절은 순환한다는 것을 알 수 있지요.

우리는 사계절을 합쳐서 년(year)이라고 부릅니다. 자연에는 '년'이라는 순환이 있는 셈입니다.

달이 차고 기우는 변화

또 다른 자연의 규칙적인 순환은 없을까요?

── …….

잘 생각이 안 나는 모양이군요. 그렇다면 달의 모양은 어떤가요?

── 자꾸 바뀌어요.

어떻게 바뀌나요?

── 초승달도 되고 반달도 되고 보름달도 돼요.

그렇지요! 밤에 뜨는 달을 유심히 보면 달의 모양이 매일 바뀌는 것을 볼 수 있지요.

달의 모양은 초승달에서 보름달까지 계속 바뀌어 갑니다. 이렇게 달의 모양이 커졌다 작아졌다 하는 것을 우리는 '달이 차고 기운다'고 표현하지요.

달은 모양에 따라 뜨고 지는 시간이 달라집니다. 초승달은 언제 뜨나요?

＿잘 모르겠어요.

그럼 초승달은 언제 보이던가요?

＿초저녁예요.

초승달은 어느 쪽 하늘에서 보이던가요?

＿서쪽 하늘이오.

그렇습니다. 초승달은 초저녁 무렵 서쪽 산 위에서 보입니다. 만일 오늘 초저녁에 눈썹 모양의 초승달이 서쪽 하늘 끝자락에서 보였다면, 며칠 뒤 반달(상현달)을 하늘 가운데에서 볼 수 있을 것입니다.

다시 일주일이 지나면 달은 완전히 둥근 보름달로 바뀌어 동쪽 하늘에서 낮게 보일 것입니다. 보름달은 언제 보이던가요?

＿초저녁에도 보이고, 한밤중에도 보여요.

이렇게 달은 차올랐는가 싶으면 다시 기울기 시작하지요. 그래서 완전히 둥글던 보름달은 다시 반쪽만 보이는 하현달로 바뀝니다. 하현달은 다시 며칠이 지나면 눈썹 모양의 그믐달이 되지요. 그믐달은 점점 가늘어지다가 마침내 시야에서 사라지게 됩니다.

이렇게 달이 완전히 사라졌는가 싶다가도 며칠이 지나면 다시 초승달의 모습으로 초저녁 서쪽 하늘에 나타납니다. 달은 다시 똑같은 과정을 되풀이하지요.

이렇게 달이 차고 기우는 날수를 헤아려 보면 딱 떨어지는 29일도 아니고 그렇다고 30일도 아닌 29.5일이 됩니다.

달이 차고 기우는 주기 29.5일을 1달로 정해서 만들어진 달력이 음력입니다. 하지만 0.5일이란 날이 있을 수 없으므로 음력의 1달은 29일로 하고, 다음 달은 30일로 하는 것입니다.

오늘날 어두운 밤에는 전기를 이용하여 밝은 전등불과 가로등도 켜기 때문에 밤에 달이 차고 기우는 것을 눈여겨보는 사람들이 많지 않습니다.

하지만 옛날에는 밤을 밝히는 조명이 없었기 때문에 달이 있느냐, 없느냐에 따라 밤의 모습은 전혀 달랐지요. 달이 있는 밤은 밝았고, 달이 없거나 지고 나면 어두웠습니다. 그래서 사람들은 달을 기다렸고, 달의 작은 변화에도 무척 민감해질 수밖에 없었지요. 그 결과 사람들은 달의 주기에 맞춘 음력을 만들었고, 고대의 여러 민족들이 음력을 주로 사용하였던 것입니다.

별의 운행

전기가 없던 시절 달이 없는 밤은 무척 어두웠지만 그렇다고 칠흑같이 어두운 것은 아니었지요. 달이 없는 밤에는 뭐가 보였을까요?

— 반딧불이오.

그럴 수도 있겠군요. 요즘은 반딧불이 보기가 무척 힘들어졌지만, 그때는 정말 많이 보였을 거예요. 반딧불이도 밤을 밝히는 데 도움이 되었을 겁니다. 그럼 하늘에는 뭐가 보였을까요?

— 별이오.

그렇습니다. 별입니다. 물론 별은 달이 있어도 보이지만 달이 없으면 더욱 또렷이 보입니다. 달이 지고 없는 밤에는 별빛도 어두운 밤길을 가는 데 도움이 되었지요.

낮에는 별이 없나요?

— 아니요, 있어요.

그런데 왜 안 보이지요?

— 낮이라 너무 밝아서요.

그렇지요. 별은 낮에도 있지요. 별이 보이지 않는 이유는 해가 너무 밝기 때문이지요. 그러다가 해가 지고 어두워지면 별들이 하나둘씩 보이기 시작하는 것입니다. 별은 하늘 한곳에 가만히 있나요?

＿아니요, 서쪽으로 옮겨 가요.

별은 왜 서쪽으로 옮겨 가지요?

＿지구가 돌고 있기 때문이에요.

그렇지요. 별도 달이나 해와 마찬가지로 시간이 지나면 동쪽 하늘에서 서쪽 하늘로 이동해 갑니다.

이렇게 서쪽으로 이동해 간 별들은 서쪽 하늘 끝에서 사라지지요. 그러면 동쪽 하늘 아래에서는 새로운 별들이 뒤를 이어 계속 나타나지요.

서쪽으로 사라진 별들은 어떻게 되나요?

__ 다음 날 다시 동쪽 하늘 위에 나타나요.

그렇지요. 별은 다음 날 동쪽 하늘 위로 다시 나타납니다.

그런데 동쪽 하늘 위로 별들이 나타나는 시기를 유심히 관찰해 보면 그 시기가 매일 조금씩 앞당겨지는 것을 볼 수 있습니다.

처음에는 그것을 느끼지 못할 수도 있지만 며칠이 지나면 눈에 띄게 달라집니다. 그리고 한 달쯤 지나면 초저녁에 벌써 하늘 높이 떠 있는 모습을 볼 수 있지요.

계절이 바뀌면 별들은 하늘 가운데에 가 있고, 동쪽 하늘 위에는 다른 별들이 떠오르는 것을 볼 수 있지요. 그리고 1년이 지나면 별들은 어느새 처음 보였던 위치로 다시 돌아와 있습니다.

별들은 매일 한 바퀴씩 순환하고 있을 뿐 아니라, 1년을 주기로 순환하고 있습니다.

지구의 자전과 공전

낮과 밤, 그리고 계절은 왜 생기는 걸까요?

__ 지구가 돌고 있기 때문이에요.

그렇습니다. 지구는 태양 주위를 돌고 있습니다. 지구는 어떻게 돌고 있나요?

__ 뱅뱅 돌아요.

어디를 뱅뱅 돌지요?

__ 태양 주위요.

그렇지요. 지구는 태양 주위를 뱅뱅 돌고 있습니다. 이것을 지구가 태양 주위를 공전한다고 하지요. 지구는 그저 태양 주위를 뱅뱅 돌기만 하나요?

__ 아니요! 팽이처럼 제자리에서 뱅뱅 돌기도 해요.

그렇지요. 지구는 태양 주위를 돌기만 하는 것이 아니라 남극과 북극을 지나는 축을 중심으로 맴돌기도 하지요. 이런 현상을 지구가 자전한다고 합니다.

그리고 자전의 중심이 되는 남극과 북극을 지나가는 가상의 축을 자전축이라고 합니다. 지구의 자전축은 지구가 공전하면서 지나가는 평면에 수직인 축에 대해서 66.5° 기울어져 있습니다.

하루 1바퀴씩 도는 지구의 자전은 24시간 주기로 변하는 낮과 밤을 만들어 냅니다. 이 때문에 지구 위에서 보면 해가 동쪽에서 떠서 서쪽으로 지는 듯이 보이는 것입니다.

계절은 태양 주위를 도는 지구의 공전 운동과 관련이 있습니다. 계절이 나타나는 이유는 지구의 자전축이 공전 궤도면에 대해서 기울어져 있기 때문이지요.

　　지구의 자전축이 기울어지지 않았다면 태양 주위를 도는 지구가 어느 위치에 있든지 매일매일 받는 태양광의 양이 변하지 않겠지요.

　　하지만 지구의 자전축이 기울어져 있으면 지구의 자전축이 어디를 향하고 있느냐에 따라 매일 받는 빛의 양이 달라집니다.

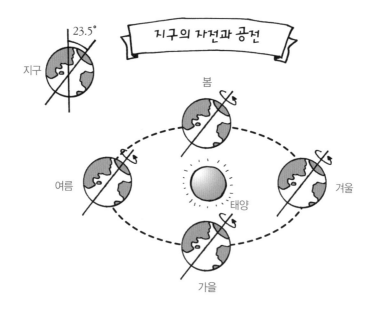

지구의 기울어진 자전축이 태양을 향하고 있으면 북반구는 더 많은 빛을 받게 되고 남반구는 적게 받게 되겠지요. 이때 북반구는 여름이 되고, 남반구는 겨울이 되는 것입니다. 이 때문에 북반구와 남반구의 계절은 정반대로 나타나는 것이지요.

한국이나 유럽은 북반구에 있어요. 따라서 북반구가 여름일 때 한국이나 유럽은 여름이 되고, 북반구가 겨울이면 한국이나 유럽은 겨울이 됩니다.

자연에는 규칙적인 순환이 있답니다. 무엇이 있을까요?

밤낮의 순환이오.

그렇지요! 밤과 낮의 순환은 자연의 여러 가지 순환 중에서 가장 분명하면서도 가장 쉽게 알아낼 수 있는 것이지요.

낮은 환하고, 밤은 깜깜하니까요.

우린 낮과 밤을 합쳐서 '날(day)'이라고 부르지요. 그러니까 자연에는 '날'이라는 끊임없이 되풀이되는 순환이 있는 셈입니다.

자연에는 또 어떤 규칙적인 순환이 있나요?

사계절이오.

맞습니다. 자연에는 사계절의 순환이 있습니다. 사계절을 합쳐서 '년(year)'이라고 부릅니다. 즉 '년'이라는 순환이 있는 셈입니다.

이렇게 밤낮이나 계절은 왜 생기나요?

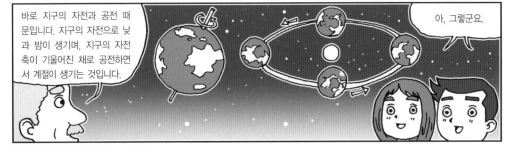

바로 지구의 자전과 공전 때문입니다. 지구의 자전으로 낮과 밤이 생기며, 지구의 자전축이 기울어진 채로 공전하면서 계절이 생기는 것입니다.

아, 그렇군요.

자연의 리듬과 달력

달력이 없던 시절, 사람들은 어떻게 생활했을까요?
달력은 왜 필요하며, 어떻게 만들어졌는지 알아봅시다.

3

자연의 리듬과 달력

메톤이 지난 수업 시간
내용을 상기시키면서
세 번째 수업을 시작했다.

　지구가 자전과 공전을 함으로써 지구상에는 밤낮이나 계절
의 순환과 같은 현상이 나타나는 것을 알아보았습니다. 그런
데 밤낮과 계절의 순환은 지구상의 생명체에 어떤 영향을 미
칠까요?

　이번 시간에는 자연의 순환이 인간이나 생명체에 미치는
영향을 알아보겠습니다.

자연의 리듬

지구의 자전과 공전 운동으로 지역에 따라 빛을 받는 양이 달라져서 기온과 습도가 변하는 하루가 생겨나고, 기후와 날씨가 변하는 계절이 나타납니다.

자연의 이러한 주기적인 변화에 대해 잘 적응하는가 적응하지 못하는가에 따라 인간을 비롯한 지구상의 모든 생명체의 생존 문제가 달려 있습니다.

왜냐하면 생명체들은 매일 해가 뜨고 지는 데서 생기는 빛과 어둠의 주기에 리듬을 맞춰 살아야 하기 때문입니다. 그렇지 않으면 먹이를 찾고 활동하며 살아가는 일이 어려워질 것

입니다.

예를 들어, 우리 몸이 느끼는 하루 주기가 자연에서의 하루 주기인 24시간이 아니라 1시간 빠른 23시간이라면 어떻게 될까요? 우리는 매일 그 전날보다 1시간 일찍 깨어나겠지요. 다음 날은 2시간 일찍 깨어나고……, 12일쯤 지나면 12시간 빨리 깨어나서 밤과 낮이 완전히 바뀌게 될 것입니다. 이런 일이 일어나면 살아가고 활동하는 것이 너무 힘들 것입니다.

그렇다면 우리 몸은 어떻게 하루 주기에 맞춰 사는 것일까요? 태양광이 인간에게 시간 조절을 하도록 한다는 것이 밝혀졌습니다. 우리 몸의 시계는 이른 아침 빛을 받으면 약간 앞으로 당겨지고, 저녁 무렵 빛을 받으면 다소 뒤로 이동한다는 것입니다. 태양광을 받으면 우리 몸은 자연의 시간과 맞춰지게 된다는 것입니다. 즉, 우리 몸은 자연의 주기에 맞춰 조절되는 것입니다.

다른 동물이나 식물도 인간과 비슷하게 자연의 주기에 자신을 맞추는 생물학적 시계를 가지고 있습니다. 이처럼 생명체의 시계는 자연의 주기에 맞춰 살아가도록 돕고, 또 자연의 주기와 맞춰 살아가는 생명체가 생존에 유리한 위치에 있게 됩니다.

달력 속에 담긴 자연의 순환

우리가 사용하는 달력에는 이와 같은 자연의 주기와 리듬이 담겨 있습니다.

우리 다 같이 달력을 한 번 들여다볼까요?

보통 달력의 표지에는 그 달력의 연도가 표시되어 있지요. 이 달력은 '2010년이라고 표시되어 있군요. 달은 1월부터 12월까지 모두 12개가 있고, 각 달 안에는 28~31일의 날이 있습니다.

달력은 날을 해와 달, 그리고 주(요일) 안에 자리매김하여 지나간 날과 다가올 날에 체계적으로 이름을 붙여 주는 뛰어난 방법이라 할 수 있습니다.

달력의 날은 밤낮의 교대로 되풀이되는 자연의 주기이고, 달은 계절 변화와 관계가 있는 주기입니다. 따라서 우리가 사용하는 달력 안에는 '자연의 순환'이 담겨 있는 셈입니다.

어떤 사람들은 달력을 시계에 비유하기도 합니다. 하지만 달력은 시계와 다릅니다. 시계를 들여다보면 현재의 시각을 알 수 있지만, 달력을 들여다보는 것만으로는 오늘의 날짜를 알 수 없습니다.

만일 오늘 날짜를 잊었으면 여러분은 어떻게 하나요?

＿ 친구한테 물어봐요.

또 오늘 신문이나 TV를 통해 알아볼 수도 있고, 아니면 생각나는 날짜를 기억해 내어 그때부터 손가락으로 꼽아 보아서 알아낼 수도 있겠지요.

하지만 만일 여러분이 로빈슨 크루소처럼 무인도에 홀로 동떨어져 있는 일이 일어났다면 어떨까요? 그냥 생각 없이 하루하루 지내다간 곧 날짜를 잊어버리고 말 것입니다. 이렇게 한 번 날짜를 놓치게 되면 다시 날짜를 되찾는 일은 무척이나 어려워집니다.

무인도에서 로빈슨 크루소의 달력

오늘 또 하루가 갔군!

달력이 태어나기까지

처음부터 세상에 달력이 있었던 것은 아닙니다. 먼 옛날, 수만 년 전 이 땅에 살던 사람들에게는 달력이 없었습니다.

그들은 한곳에 정착하여 생활을 했던 것이 아니라, 이동하면서 야생 열매나 동물을 비롯하여 무엇이든 먹을 수 있는 것이면 채집하고 수렵하며 살았습니다. 그들은 지구 곳곳에 흩어져서 사냥감을 쫓거나 추위를 피해서 이동하면서 살았습니다.

달력이 없는 세상에서는 끊임없이 달이 뜨고 지고 하루가 가고 계절이 바뀔 뿐이었습니다. 그들은 생존하기 위해 날씨와 계절의 변화를 알아야 했고 태양과 달, 그리고 별과 계절의 관계를 관찰하여 연관성을 찾게 되었을 것입니다.

약 1만 년 전 마지막 빙하기가 물러간 후 사람들은 농사를 짓고, 가축 기르는 법을 배웠습니다. 사람들은 농경을 시작하면서 한곳에 정착을 하였고, 파종 시기와 수확 시기를 알아야 했기 때문에 계절의 변화에 더욱 민감하게 되었습니다.

사람들이 달력을 만들어 쓰기까지는 꽤 오랜 시간이 걸렸습니다. 먼저 숫자 세는 법을 알아야 했고, 다음에는 간단한 산수를 터득해야 했으니까요.

그리고 해, 달과 별의 운행을 오랫동안 면밀히 관측하여 그 속에 숨어 있는 질서를 발견하고 난 다음에야 달력이 모양을 갖추기 시작했습니다.

달력 없는 세상

만약 세상에 시계가 없다면 어떨까요?

__너무 불편해요.

__학교에 지각해요.

시계가 없는 세상은 생각만 해도 답답하지요. 약속 시각을 정할 수도 없고, 또 약속을 했다 하더라도 답답하기는 마찬가지일 것입니다. 내가 약속 시각에 빨리 온 것인지 그 사람이 늦은 것인지 알 수 없으니 말입니다. 그렇다면 달력이 없다면 어떨까요?

달력이 없는 세상은 시계가 없는 세상보다 더 답답하고 막연했습니다. 달력이 없던 시대에는 무엇보다도 닥쳐올 미래가 불확실했습니다.

우리는 달력을 보면 지금이 어느 때인지 추운 겨울이 닥쳐오기까지 얼마나 남았는지 알 수 있지요. 하지만 달력이 없었을 때에는 지금이 어느 계절인지 오직 날씨 변화와 느낌으로 짐작해야 했습니다.

이렇게 되면 농부들은 언제 씨를 뿌려야 할지 또 언제 가을 걷이를 해야 할지 고민하게 됩니다. 가을철에는 날씨가 조금만 추워져도 불안해지겠지요. '추수를 해야 하나, 말아야 하나? 이러다 금방 겨울이 닥치는 건 아닌가?' 하고 말입니다.

봄이 올 때도 불안하기는 마찬가지겠지요? 날씨가 조금 따뜻해지면 '봄이 온 건가? 빨리 밭갈이하고 씨를 뿌려야겠네!' 하다가도, 날씨가 조금만 추워지면 '너무 서둘러 냉해를 입는 건 아닌가?' 하며 걱정하게 되겠지요.

해마다 이런저런 걱정이 끊이지 않을 것입니다. 그러다 보면 해마다 추수하는 농작물의 수확량에도 큰 차이가 생기겠지요. 이렇게 되면 생활이 불안정해지게 됩니다.

달력이 필요한 또 다른 이유

달력은 농사짓는 데에만 필요했을까요?

__아니요.

달력은 농사짓는 데만 필요했던 것은 아닙니다. 인간 생활에서 달력은 시간이 지날수록 점점 더 필요성이 커졌습니다.

　인간이 농사를 시작하면서 세계 곳곳의 비옥한 강 유역에는 많은 사람들이 모여 도시를 이루며 살게 되었습니다. 도시를 건설하기 위해서는 일꾼이 필요했고, 외부의 약탈자로부터 재산을 지키기 위해 군대가 필요해졌습니다.

　또 도시를 건설할 일꾼과 도시를 지킬 군인들을 부양하기 위해서는 세금을 거둬야 했습니다. 이러한 일을 수행하기 위해서는 날짜를 기록해야 했으므로 달력이 필요했습니다.

　사람들이 모여 살면서 서로 간에 거래를 하거나 도시들 간에 무역이 이루어지기 시작했습니다. 돈을 빌리거나 빌려 주고, 물건을 사고파는 일이 생겨났습니다. 이러한 일은 기록으로 남겨야 했으므로 달력이 필요했습니다.

　달력은 이런 농경이나 상업적인 목적 외에도 하늘이나 신에게 제사를 지내는 제관이나 성직자들에게도 필요했습니다. 사람들은 미래에 대한 불안 때문에 신을 섬겼고, 여기에는 종교 의식과 제물이 필요했습니다.

　그리고 이런 제사는 아무 때나 지내는 것이 아니라 적당한 날이 따로 있다고 생각했습니다. 그래서 그들에게는 하늘을 관측하여 징조를 찾아내는 일이 중요했습니다.

　중요한 행사는 좋은 징조가 있는 날에만 치렀습니다. 이러

한 징후를 알려면 제대로 된 달력이 필요했습니다. 이 때문에 제관이나 성직자들이 달력을 체계화하는 일을 맡게 되었습니다.

만일 오늘날까지 달력이 없었다면 어떻게 되었을까요? 시험이나 공연, 축구 시합과 같은 행사에 사람들이 참석하기를 바랄 수 있을까요?

불편함은 그뿐만이 아닐 것입니다. 비행기나 열차 운행 시각을 정하는 데도 어려움이 많습니다. 또한 농부가 농작물을 심고 수확하고 의사가 진료하고 선생님이 수업을 시작하는 데 혼란스러울 것입니다.

너 지금 몇 시인데 이렇게 늦은 거야?

미안. 오늘이 가는 날이라는 걸 잊고 있었어.

자, 출발해요.

달력에 표시를 해 두지 않았으면 못 올 뻔했어요.

만약 달력이 없다면 많이 불편하겠어요.

달력이 없던 시대에는 단순히 불편한 정도가 아니었답니다. 무엇보다도 닥쳐올 미래가 불확실했습니다.

달력이 없다고 미래가 불확실해요?

달력이 없었을 때에는 지금이 어느 계절인지 오직 날씨 변화와 감으로 짐작해야 하기 때문이죠.

꽃이 피는 걸 보니 봄이 왔나 봐!

이렇게 되면 씨를 언제 뿌려야 하는지, 세금은 언제 거둬야 하는지, 제사는 언제 지내야 하는지를 알 수가 없는 것입니다.

아, 그랬겠네요.

맞아요. 시험이나 공연, 축구 시합과 같은 행사에 사람들이 참석할 수가 없잖아요.

오늘날 달력이 없다면 정말 힘들겠어요. 시험이나 공연, 축구 시합과 같은 행사에 사람들이 참석할 수가 없어요.

4

날은 어떻게 정해졌을까요?

하루는 언제부터 언제까지일까요?
천문학자들은 정오부터 다음 날 정오로 하루로 정했습니다.
하루에 대한 여러 가지 이야기를 알아봅시다.

4

날은 어떻게
정해졌을까요?

교. 　중등 과학 3　　7. 태양계의 운동
과.
연.
계.

메톤의 네 번째 수업은
'날(day)'에 관한 내용이었다.

달력의 기본 단위는 '날(day)'입니다. 날은 밝은 낮과 어두운 밤이 교대로 분명하게 드러나기 때문에 가장 쉽게 알 수 있는 자연의 주기라 할 수 있습니다. 이번 시간에는 날에 대해서 알아보도록 하겠습니다.

하루를 정하는 방법

낮과 밤은 확연히 다르지만 그 경계는 조금 모호합니다. 왜냐하면 낮과 밤은 순식간에 바뀌는 것이 아니라 점점 어두워 지거나 서서히 밝아 오기 때문이지요. 이 때문에 하루의 길이 를 정확하게 잰다는 것은 쉬운 일이 아닙니다.

만약 누가 여러분에게 시계를 사용하지 않고 하루를 정하 라고 한다면 어떻게 하겠습니까?

'매일 아침 해가 동쪽에서 떠올라 저녁에 서산 너머로 지니 까, 하루는 동쪽 지평선 위로 해가 떠오르는 때부터 다시 같 은 위치에 오는 때까지이다.'

'하루는 서산 너머로 해가 지는 때부터 다시 같은 위치에 떠오를 때까지이다.'

이렇게 정하면 된다고 생각하나요?

하지만 이렇게 하루를 정하면 하루의 길이가 매일 조금씩 달라지게 됩니다.

이것은 매일 동쪽 산 위로 해가 떠오르는 위치나 서쪽 산 아래로 해가 지는 위치를 눈여겨보면 금방 알 수 있습니다. 해가 떠오르거나 지는 위치는 매일 조금씩 달라지고, 계절에 따라서는 상당한 차이가 나기 때문입니다.

천문학자들은 하루를 해가 가장 높이 뜬 때부터 다음 날 해 가 가장 높이 뜬 때까지로 정하고 있습니다.

'해가 가장 높이 뜬 때를 어떻게 알 수 있지요? 하늘에 무슨

표식이 있는 것도 아니고…….'

이렇게 묻고 싶을 것입니다.

사람들은 간단한 방법을 고안해 냈습니다. 그것은 막대기를 이용하는 방법입니다. 땅에 긴 막대기를 수직으로 세워 놓고 땅에 드리워진 막대기의 그림자 길이를 재는 것입니다. 이것은 일종의 해시계라고 할 수 있어요.

오늘 제가 들고 온 게 무엇일까요?

__막대기요.

제가 이것을 왜 들고 왔을까요?

__회초리?

아닙니다. 이것은 그노몬(gnomon)이라고 합니다. 그노몬은 그리스 어로 '보여 주다' 또는 '가리키다'는 뜻입니다. 그노몬을 햇빛이 잘 드는 땅에다 세워 놓으면 시계가 되기도 하고, 달력이 되기도 한답니다.

해가 비칠 때 그노몬의 그림자를 지켜보면 시각을 알 수 있습니다. 그노몬의 그림자가 해시계의 바늘이 되는 것이지요. 아침에 동쪽 지평선 위로 해가 뜰 때 그노몬의 그림자는 길게 서쪽으로 드리워집니다.

해가 지평선으로부터 점점 높이 솟아오르면 그림자의 길이는 차츰 짧아지면서 동쪽을 향해 조금씩 돌아갑니다.

태양이 하늘 가장 높은 곳에 도달하면 그림자는 북쪽을 향해 드리워지고 그림자의 길이는 하루 중에서 가장 짧아지지요. 이때를 태양이 남중한다고 하지요.

다시 태양이 서쪽을 향해 움직이면 그노몬의 그림자는 다시 길어집니다. 마침내 해가 서산마루에 걸리면 그림자는 동쪽 방향으로 가장 긴 그림자를 남기게 됩니다.

태양일

천문학적으로 하루는 다음과 같이 정의합니다.

'하루는 수직으로 세워 놓은 막대기의 그림자가 가장 짧은 때부터 다시 가장 짧아지는 때까지이다.'

즉, 해가 가장 높이 뜬 때부터 다음 날 해가 가장 높이 뜬 때까지를 말합니다. 이렇게 정해진 하루는 태양을 기준으로 정해졌기 때문에 태양일이라고 합니다.

특히 태양일은 태양이 실제로 동쪽에서 서쪽 하늘을 움직여 가는 것을 기준으로 정해졌으므로 진태양일이라고도 합니다. 따라서 진태양일은 가장 자연에 부합하는 하루라고 할 수 있습니다.

그런데 진태양일의 하루는 약간의 문제가 있습니다. 하루의 길이가 매일 달라지기 때문입니다. 그것은 지구가 태양 주위를 공전하는 궤도가 원에 가까운 타원이며, 지구의 자전축이 기울어져 있어서 태양이 하늘 가운데 오는 시각이 계절에 따라 조금씩 달라지기 때문입니다. 예를 들면, 추분 무렵의 진태양일은 동지 때에 비해 약 50초가 짧아집니다.

하루의 길이가 이 정도 다르다는 것을 고대인들은 측정할 수도 없었을뿐더러 실생활에서도 별로 문제가 되지 않았습니다.

하지만 사람이 만든 시계와 맞지 않는 것이 문제였습니다. 지금은 시계로 시간을 잴 수 있지만 처음 인간이 만든 기계 시계는 해시계만큼 잘 맞지 않았습니다.

하지만 시계가 정밀해지면서 문제가 생겼습니다. 인간이 만든 시계가 태양을 기준으로 정해진 진태양시와 맞지 않았던 것입니다.

진태양시의 하루는 매일 조금씩 달라지는데, 시계는 항상 똑같이 움직인다면 어떻게 될까요? 시계와 진태양시는 서로 어긋나서 맞지 않게 될 것입니다. 더구나 하루에 1초의 오차도 허용하지 않는 매우 정밀한 시계가 사용되는 오늘날에는 말할 것도 없이 큰 문제가 됩니다.

이런 이유 때문에 하루의 길이는 1년 동안의 진태양일을 모두 더한 다음 다시 1년의 날수로 나누어 정하게 되었습니다. 이렇게 정해진 하루는 1년을 평균하여 정해진 것이므로 평균 태양일이라고 합니다.

항성일

태양 대신에 별을 이용해서 하루를 정할 수도 있습니다.

별들은 매일 저녁, 태양과 마찬가지로 동쪽에서 떠올라 하늘을 가로질러 서산 너머로 집니다. 이렇게 별이 떠오르고 지는 이유는 태양이 뜨고 지는 것과 똑같습니다. 지구가 자전하고 있기 때문에 그렇게 보이는 것입니다. 따라서 별을 기준으로 한 하루는 다음과 같이 정할 수 있습니다.

하루는 별이 자오선상에 남중한 뒤 다시 남중할 때까지이다.

이렇게 정해진 하루를 항성일이라고 합니다. 1항성일은 다음과 같습니다.

1항성일 = 23시간 56분 4초

항성일의 하루는 태양일의 하루보다 약 4분이 빠른 셈이지요. 항성일은 별이 지구상의 같은 위치에 오는 주기입니다. 따

라서 별이 뜨고 지는 시각도 매일 4분씩 빨라진다는 것을 알 수 있습니다. 왜 항성일은 태양일보다 약 4분 짧을까요?

__ 지구가 태양 주위를 돌고 있어서요.

그렇습니다. 지구는 매일 한 번 자전하면서 동시에 1년에 태양 주위를 한 번 공전하므로, 지구가 하루에 태양 주위를 공전하는 각도는 약 1°가 됩니다.

$$360° \div 365 = 0.9863°$$

따라서 지구는 태양을 중심으로 하루에 약 1°씩 움직여 갑니다. 이 때문에 태양이 하늘 가운데 남중하는 시각은 별이 남중할 때보다 약 1° 더 회전해야 됩니다.

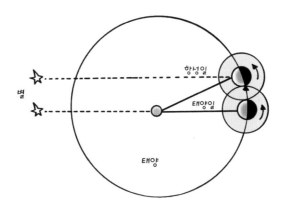

지구가 1° 회전하는 데 걸리는 시간은 다음과 같습니다.

24시간 ÷ 360 = 4분

따라서 지구가 항성일보다 4분간 더 회전해야 태양이 남중하게 되겠지요. 이 때문에 태양일은 항성일보다 약 4분 더 늦는 것이지요.

> 지구는 매일 1°씩 태양 주위를 회전하므로 항성일은 태양일보다 약 4분 짧다.

진태양일은 지구가 완전한 원궤도를 돌고 있지 않아서 매일 길이가 바뀐다고 했습니다. 하지만 항성일은 진태양일과 달리 길이가 변하지 않습니다. 이것은 별이 워낙 멀리 있어서 지구의 공전 궤도가 타원 궤도이든 지구의 자전축이 기울어져 있든 거의 영향을 받지 않기 때문입니다.

실제 항성일을 측정할 때는 특정한 별을 기준으로 정하는 것이 아니라 춘분점을 기준으로 정합니다. 따라서 항성일은 다음과 같이 말할 수도 있습니다.

항성일은 지구의 자전에 의해 춘분점이 자오선을 지나간 후 다시
같은 자오선상에 올 때까지이다.

하루의 시작

날을 달력의 기본 단위로 사용하면 하루의 시작과 끝을 어
느 때로 할 것인가에 대한 문제가 생겨납니다.

오늘날 하루의 경계는 자정으로 약속되어 있습니다. 즉, 하
루는 자정에서 시작해서 다음 자정까지인 셈입니다.

우리의 의식 속에는 날이 밝아야 새날이 시작되는 것으로

여기는 습관이 있습니다. 그럼에도 왜 하루의 시작을 굳이 한밤중인 자정으로 정했을까요?

하루의 시작을 어디로 하느냐는 것은 민족에 따라서 상당히 다릅니다. 또 같은 민족이라 할지라도 시대에 따라서 다르게 바뀌어 오기도 했습니다.

고대 이집트 인들은 하루의 시작을 동틀 무렵으로 생각했습니다. 하지만 바빌로니아 인이나 근대 그리스 인들은 해뜰 때로 생각했습니다. 반면에 아라비아 인들은 정오를 하루의 시작으로 생각했고, 유대 인이나 고대 그리스 인들은 해질 무렵으로 생각했습니다.

유럽에서는 기계 시계가 발달하기 전인 14세기까지 하루의 시작을 새벽으로 정했다가 나중에 자정으로 변했으며, 그 전통이 오늘날까지 이어져 오고 있습니다.

만일 천문학자에게 "하루의 시작을 언제로 정하는 게 합리적인가요?"라고 묻는다면 "정오."라고 대답할 것입니다.

실제로 천문학자들은 1924년까지 하루의 시작을 정오로 정해 왔습니다. 그 이유는, 정오는 천문학적으로 특별한 시각(태양이 남중하는 시각)인 동시에 관측하기에 가장 쉽기 때문입니다.

하지만 사람들은 하루의 시작을 천문학자에게 정하라고 맡겨 놓지는 않았습니다. 왜냐하면 하루의 시작과 끝은 사람들의 생활과 밀접한 관련이 있기 때문이었습니다.

만일 천문학자가 권하는 대로 정오를 하루의 시점으로 삼는다면 어떨까요?

정오는 사람들의 활동이 활발한 때입니다. 만일 사람들의 활동이 가장 왕성한 시점에서 갑자기 날짜가 바뀐다고 생각해 보세요.

만일 날짜에 따라 이해관계가 달라진다면 정오에 가까워질수록 사람들은 시계를 들여다보면서 서로 신경전을 벌이게 될 것입니다. 어쩌면 하루 차이로 보험금을 받고 못 받는 문제가 생길 수도 있고, 거래가 없었던 것처럼 되는 경우가 있을 수도 있으며, 많은 벌금을 물어야 하는 경우도 있을 것입니다.

그렇게 되면 옛날 정오에 오정포를 쏘아 알리듯이 사이렌과 같은 시보(표준 시간을 알리는 일)를 통해 날짜가 바뀌었음을 알려 줘야 할 것입니다. 하지만 사이렌이 울리는 동안에 날짜가 달라질 것이므로 여전히 논쟁의 소지는 남아 있습니다.

사람들은 생활 속에서 생겨나는 여러 가지 불편한 문제를 최소화하는 방향으로 하루의 시점을 정하게 되었고, 그때가 자정이 되었습니다. 자정은 관공서의 근무 시간이 아닐뿐더러 사람들의 활동이나 왕래가 뜸하고, 또 정오의 정반대 점이므로 천문학적으로도 의미가 있다고 할 수 있습니다.

그래서 천문학자들도 1925년부터 하루의 시작을 사람들의 관습에 맞춰 자정으로 정하고 있습니다.

과학자의 비밀노트

오정포

오포라고도 하는데, 포를 쏘아 정오임을 알리는 신호로 삼았기 때문에 이 이름이 붙여졌다. 그런데 그 후 사이렌으로 정오를 알린 뒤에도 여전히 '오포 분다'는 말이 쓰였다. 1908년 4월 1일 당시 일본 통감부는 한국과 일본의 1시간 시차를 무시하고 한국의 오전 11시를 일본 정오 12시에 맞추어 정오로 정하고 포를 쏘아 이를 알렸다.

정말 장관이에요.

진짜 멋있어요.

여러분은 하루를 어떻게 정하는지 알고 있나요?

글쎄요. 해가 떠서 다시 같은 위치에 떠오를 때까지가 아닐까요?

천문학자는 하루를 수직으로 세워 놓은 막대기의 그림자가 가장 짧은 때부터 다시 가장 짧아질 때라고 정의했지요.

이렇게 정해진 하루는 태양을 기준으로 정해졌기 때문에 태양일 또는 진태양일이라고 합니다.

그런데 계절별로 해가 뜨는 시간이 달라지잖아요.

그것은 지구의 공전하는 궤도가 타원이며, 지구의 자전축이 기울어져 있어서 계절에 따라 조금씩 달라지기 때문입니다.

그럼 하루가 매일 변하게 되는 것 아닌가요?

그래서 하루의 길이는 1년 동안의 진태양일을 모두 더한 다음 다시 1년의 날수로 나누어 정하게 되었습니다.

아, 그럼 되겠네요.

이외에도 별을 기준으로 하루를 정하는 항성일이 있는데, 태양일의 하루보다 약 4분 빠르답니다.

1항성일
23시간 56분 4초

1년은 어떻게 정해졌을까요?

새해의 첫날은 어떻게 정했을까요?
1년은 언제부터 언제까지일까요?
1년과 계절의 변화에 대해 알아봅시다.

5

1년은 어떻게 정해졌을까요?

메톤이 그노몬을 들고 와서
다섯 번째 수업을 시작했다.

밤낮의 반복으로 알 수 있는 자연의 주기가 날이라고 한다면, 계절의 변화를 통해서 알 수 있는 자연의 주기는 년(year)입니다.

내가 오늘 들고 온 게 무엇일까요?

__그노몬이오.

이제는 바로 알아맞히는군요. 이 그노몬은 하루의 길이뿐만 아니라 1년의 길이를 재는 데에도 사용할 수 있습니다.

1년의 길이, 즉 1년의 날수를 알아내는 일은 쉬운 것이 아
닙니다. 하지만 기원전 3000년경 고대 이집트 인들은 1년의
길이를 상당히 정확하게 알고 있었습니다.

1년의 길이를 재는 방법에는 여러 가지가 있습니다.

첫째, 낮 또는 밤의 길이 변화를 이용한다.

우리는 여름철에는 낮이 길고 겨울철에는 밤이 길다는 사실
을 경험적으로 알고 있습니다. 따라서 1년의 길이를 알아내는

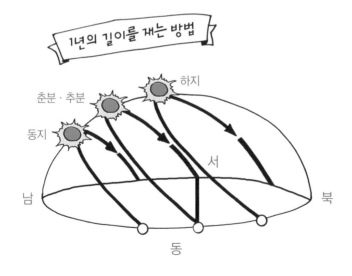

한 방법은 낮의 길이나 밤의 길이를 재는 것입니다.

이를테면 낮의 길이가 가장 짧은 날(또는 가장 긴 날)에서 다시 가장 짧아지는 날(또는 가장 길어지는 날)까지의 날수를 세는 것입니다.

하지만 이 방법은 시간 측정을 정확하게 해야 하므로 시계가 부정확하던 고대인들이 사용하기에는 적당한 방법이 아니었습니다.

둘째, 태양이 남중했을 때 고도 변화를 이용한다.

1년의 길이를 재는 다른 방법은 태양이 남중했을 때 고도 변화를 측정하는 것입니다. 태양의 남중 고도는 계절에 따라 변하는데, 북반구는 여름철에는 고도가 높고, 겨울철에는 고도가 낮습니다.

태양의 고도는 각도기를 이용하여 직접 잴 수도 있지만, 간편한 방법은 하루의 길이를 측정할 때처럼 지면에 수직으로 막대기를 세우고, 막대기 그림자 길이를 측정하는 것입니다.

하루 중 막대기의 그림자가 가장 짧은 때는 언제였지요?

__태양이 자오선상에 남중할 때입니다.

맞습니다. 그렇다면 1년 중 태양이 자오선상에 남중했을 때 그림자가 가장 짧은 날은 언제일까요?

— ······.

1년 중 태양의 고도가 가장 높은 날이겠지요? 그날이 바로 하지입니다.

따라서 1년의 길이를 재는 방법은 수직으로 세운 막대기의 그림자가 가장 짧은 날부터 다시 가장 짧아지는 날까지의 날 수를 세는 것입니다.

셋째, 일출 위치의 변화를 이용한다.

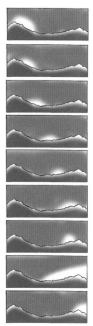

1년의 길이를 재는 또 다른 방법은 태양이 떠오르는 위치가 계속 바뀌는 것을 이용하는 것입니다.

동쪽에서 해가 떠오르는 위치를 지켜보면, 매일 정동쪽에서 떠오르는 것이 아니라 정동쪽을 기준으로 남쪽이나 북쪽으로 조금씩 위치가 바뀌는 것을 볼 수 있습니다.

해가 뜨는 위치는 정동쪽을 기준으로 보면 조금씩 남쪽으로 내려오다가 어느

태양이 떠오르는 위치는 매일 조금씩 다르다.

한계 이상 내려오지 않습니다. 다음에는 북쪽으로 조금씩 이동해서 다시 정동쪽을 지나 북쪽 한계점까지 갔다가 다시 정동쪽으로 내려옵니다.

따라서 1년의 날수는 해 뜨는 위치가 가장 남쪽으로 내려왔을 때를 기점으로 해서 다시 가장 남쪽으로 내려올 때까지의 날수를 세면 됩니다.

이때 해가 뜨는 위치가 가장 남쪽으로 내려오는 날이 동지이고, 정동쪽인 날은 춘분 또는 추분이며, 가장 북쪽으로 올라간 날이 하지가 됩니다.

기원전 1800년경에 영국의 고대인들이 세운 스톤헨지 유적은 이 원리를 이용한 큰 돌로 만든 구조물이라 생각합니

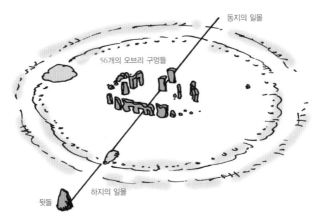

영국 솔즈베리 평원에 있는 스톤헨지. 중앙 관측자의 위치에서 1년 중 특정일의 일출 위치와 남중 위치를 표시하는 돌을 둘레에 세워 놓은 달력으로 보인다.

다. 영국인들은 스톤헨지 중심에서 해 뜨는 위치를 관측해 계절 변화를 알아내고, 달의 모양 변화와 연결해서 달력을 만들었던 것으로 추측됩니다.

그 외에도 별이 떠오르는 것을 이용해서 1년의 길이를 알아낼 수 있습니다.

1항성일은 1태양일보다 4분 빠르다고 했습니다. 다시 말해서 별은 매일 4분씩 일찍 떠오르는 것입니다. 따라서 1년 365일이 지나면 별은 하루 일찍 떠오르게 됩니다. 다시 말해 별은 1년이 지나면 원래 위치로 돌아오는 것입니다. 이 원리를 이용하면 1년의 길이를 잴 수 있습니다.

즉, 어떤 별을 정해서 별이 어느 위치에서 보이다가 다시 같은 위치에서 보일 때까지의 날수를 세면 되는 것입니다. 이집트 인들은 바로 이 원리를 이용해서 1년의 날수를 상당히 정확하게 알 수 있었습니다.

이집트 인들은 일찍부터 1년의 정확한 길이를 알아내었습니다. 그리고 태양력을 만들어 농사에 활용하였습니다. 이는 나일 강과 밀접한 관계가 있습니다.

나일 강은 해마다 범람하여 상류에서 이동해 온 토사를 주변에 쌓아서 땅을 비옥하게 만들었습니다. 이 때문에 나일 강 주변에는 일찍부터 농경이 발달했고, 세계 4대 문명의 발상

지 중 하나가 되었습니다.

나일 강의 범람은 1년을 주기로 일어났는데, 이집트 인들은 나일 강의 범람 시기를 알기 위해 1년의 주기를 정확하게 알아야 했습니다.

이집트 인들은 나일 강이 범람을 시작하는 시기, 태양이 떠오르기 직전에 보이는 유난히 밝게 빛나는 별 시리우스를 관측하여 1년의 길이를 정확하게 알 수 있었습니다.

시리우스는 큰개자리에 있는 −1.4등성의 별로 밤하늘에 보이는 별들 중에서 가장 밝게 보이는 별입니다. 시리우스는 워낙 밝기 때문에 동틀 무렵에도 잘 보였던 것입니다.

1년의 천문학적 정의

천문학자들은 1년을 어떻게 정하고 있을까요?

하루를 정할 때와 똑같이 태양과 별을 기준으로 정할 수 있습니다. 태양을 기준으로 정한 1년을 태양년(회귀년)이라 하고, 별을 기준으로 정한 1년을 항성년이라 합니다.

1태양년은 태양을 기준으로 지구가 1회 공전하는 데 걸리는 시간으로 정해집니다. 1태양년의 길이는 관측을 통해서 매우 정확하게 알려져 있습니다.

1태양년 = 365.242196일

1항성년은 별을 기준으로 하여 지구가 태양의 둘레를 1회 공전하는 시간으로 정해집니다.

1항성년 = 365.256360일

항성년은 실제로는 어느 특정한 항성을 기준으로 하는 것이 아니라 천구상의 춘분점을 기준으로 정합니다. 1항성년은 1태양년보다 약 20분 더 깁니다.

항성년이 태양년보다 조금 더 긴 것은 춘분점이 해마다 동쪽에서 서쪽으로 조금씩 움직여 가기 때문입니다.

춘분점이 공간에서 천천히 움직이는 이유

돌고 있는 팽이가 흔들거리는 이유와 춘분점이 천천히 움직이는 이유는 같습니다. 자전하는 지구는 돌고 있는 팽이와 같습니다. 팽이의 회전은 팽이를 똑바로 세우려고 하지만 팽이에 작용하는 중력은 팽이를 쓰러뜨리려고 합니다. 이 때문에 팽이는 돌면서 흔들리게 되는 것이지요. 이것을 세차 운동이라고 합니다.

지구를 쓰러뜨리려는 힘은 달과 태양이 지구를 끌어당기는 힘에서 나오며 달의 인력이 훨씬 크게 작용합니다.

만약 지구가 균일한 밀도를 가진 둥근 공 모양이라면 달의 인력은 지구의 중심에만 작용하기 때문에 세차 운동을 일으키지 않을 것입니다.

하지만 지구는 자전하며 지구의 적도 부분이 조금 부풀어 오른 타원체 모양을 하고 있어서 질량의 분포가 고르지 않아 흔들리게 되는 것입니다.

춘분점이 완전히 1바퀴 도는 데 걸리는 시간은 약 2만 5800년입니다. 이것을 각도로 환산하면 1년에 약 1′(분)씩 움직이는 셈이 됩니다.

$$360° \div 25800년 = 0.01395° = 0.837′ ≒ 1′$$

바로 이 운동 때문에 1태양년이 1항성년보다 20분 정도 짧은 것입니다.

계절이 나타나는 이유

1년은 사계절로 구분됩니다. 계절은 왜 생기는 걸까요?

앞에서 지구는 태양 주위를 타원 궤도를 그리며 돌고 있다고 했습니다. 따라서 지구와 태양 사이의 거리는 주기적으로 멀어졌다 가까워졌다 합니다.

그렇다면 지구와 태양 간의 거리가 바뀌는 것이 계절이 생기는 원인일까요? 다시 말해, 태양이 가까워지면 여름이고 멀어지면 겨울일까요?

__ 그런 것 같아요.

사실은 그렇지 않습니다. 위치에 따라 태양과 지구 사이의 거리는 약 500만 km 차이가 납니다. 엄청나게 차이가 나는 것 같지만 지구와 태양 사이의 거리가 약 1억 5,000만 km이기 때문에 이 차이는 그렇게 큰 것이 아닙니다. 그래서 계절과는 거의 무관합니다.

지구가 태양에 가장 가까운 때를 근일점이라 하는데, 이때는 1월 2일경으로 여름철이 아닌 겨울철이지요. 또 지구가 태양으로부터 가장 멀리 있을 때를 원일점이라 하는데, 이때는 7월 4일경으로 여름철이 됩니다.

그렇다면 계절이 생기는 이유는 무엇일까요?

＿지구의 자전축이 기울어져 있기 때문입니다.

그렇습니다. 지구의 자전축이 지구의 공전 궤도면에 대해 23.5° 기울어져 있기 때문입니다.

지구의 자전축이 기울어져 있으면 기울어진 축이 어느 정도 태양을 향하고 있느냐에 따라 땅을 비추는 태양의 고도가 바뀔 뿐 아니라 낮의 길이도 달라집니다.

태양의 고도가 낮아지면 햇빛이 비스듬히 비치므로 상대적으로 땅이 태양광을 받는 양이 적어집니다. 또 낮의 길이가 짧아지면 태양광을 받는 시간이 줄어들어 기온이 올라가지 않게 되겠지요. 이 때문에 계절이 생기는 것입니다.

그렇다면 기온이 가장 높은 날은 태양의 고도가 가장 높은 날, 즉 하짓날인가요?

 ＿아니요.

그렇습니다. 하지는 6월 21일경인데, 이때는 가장 무더운 때가 아니지요. 또 반대로 기온이 가장 낮은 날은 고도가 가장 낮은 날, 즉 동지가 되는 것도 아닙니다.

왜 그럴까요? 하지 때에 땅이 받는 태양광의 양은 최대가 되지만, 대기와 지표(바다와 육지)가 태양열을 받아들이는 데 차이가 나기 때문입니다.

이 때문에 기온이 가장 높거나 낮은 날은 하지보다 40~50

일 정도 더 늦게 나타나는 것입니다.

지금까지 이야기한 것은 북반구를 기준으로 한 것으로 남반구는 이와 반대의 계절이 나타납니다. 이 때문에 남반구가 여름이면 북반구는 겨울이고, 남반구가 겨울이면 북반구는 여름이 됩니다.

황도 · 분 · 지

우리는 태양이 매일 동쪽에서 떠올라 하늘을 가로질러 서쪽으로 지는 것으로 알지만, 사실은 지구가 자전하고 있어서 그렇게 보일 뿐입니다.

또 지구는 자전하는 동시에 태양 주위를 공전한다는 것도 알고 있습니다. 물론 지구가 우주 공간을 공전해 가는 것도 마치 태양이 하늘을 가로질러 움직이는 것처럼 보입니다.

태양이 하늘을 가로질러 가는 것처럼 보이는 길을 황도(黃道)라고 합니다. 그리고 황도를 포함하는 면을 황도면이라고 부릅니다.

지구에서 볼 때 태양은 항상 황도를 따라 움직입니다. 황도면은 지구 적도를 천구상으로 연장한 적도면과 23.5°쯤 기울어 있고, 황도와 두 점에서 만나는데 태양이 이 두 점에 있을 때 밤과 낮의 길이는 같아집니다. 이때가 분(分)입니다.

분은 두 점이 있습니다. 그중 하나인 춘분점은 태양이 적도 면을 남쪽에서 북쪽으로 통과하는 점입니다. 태양은 춘분점 을 3월 21일이나 22일경에 통과합니다.

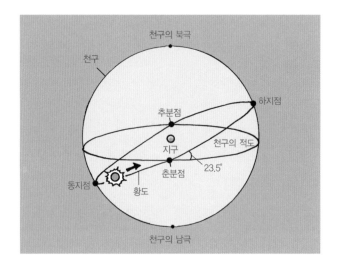

춘분점은 천문학에서 중요하게 취급하는 점으로, 천체의 위치를 나타내는 데 특별한 기준점으로 사용합니다. 춘분점 은 세차 운동에 의하여 천구상에서 그 위치가 조금씩 변합 니다.

사람들은 황도를 중요시하여 황도를 따라 12개의 별자리를 정했습니다. 춘분점은 처음 정해질 당시 양자리에 있었지만 지금은 물고기자리에 있습니다. 그것은 지구의 세차 운동 (주기 2만 5800년)으로 약 2000년마다 옆의 별자리로 옮겨 가기 때문입니다.

또 하나의 점은 추분점입니다. 추분점은 춘분점 반대쪽에 있습니다. 추분점은 9월 23일경에 통과합니다. 태양이 추분점을 통과하면 낮의 길이는 점점 짧아지고, 밤의 길이는 점점 길어지게 됩니다. 추분점은 현재 사자자리와 처녀자리의 중간에 있습니다.

황도상의 또 다른 특별한 점은 지(至)입니다.

지도 분과 마찬가지로 역시 2개의 점이 있습니다. 그중 하나인 하지는 춘분점을 지나 태양이 가장 높이 이르는 점입니다. 하지점은 6월 21경에 지나갑니다.

다른 하나는 동지입니다. 동지점은 그 반대로 가장 낮아지는 점으로, 12월 22일경에 지나갑니다.

태양이 하지점에 있을 때 북반구는 하루 중 낮의 길이가 가장 길고, 동지 때는 밤의 길이가 가장 깁니다.

회귀선과 극권

　지구의 자전축이 기울어져 있기 때문에 지구상의 위치에 따라 특별한 현상들이 나타납니다.

　지구의 자전축이 지구의 공전 궤도면에 대해 기울어져 있으므로 태양이 천정에서 남중하게 되는 지역은 적도를 끼고 남북으로 23.5° 범위 내에 있는데, 이 지대를 지리학에서는 열대라고 부릅니다.

　이 열대의 한계선을 회귀선이라 합니다. 회귀선은 '태양이 되돌아가는 선'이라는 의미가 있습니다. 따라서 회귀선은 북쪽과 남쪽에 하나씩 2개가 있습니다.

　북쪽에 있는 회귀선을 북회귀선 또는 하지선이라 합니다. 이곳에서는 하짓날 정오에 태양이 정확하게 머리 위에 오게 됩니다. 자신의 그림자가 사라지는 특별한 때이지요.

　남쪽에 있는 회귀선은 남회귀선 또는 동지선이라 합니다. 이곳에서는 동짓날 정오에 태양이 머리 위에 옵니다.

　그렇다면 적도에서는 태양이 언제 머리 위에 올까요?

　＿춘분이오.

　＿아니요. 추분이오.

　둘 다 맞습니다. 춘분과 추분 날 정오에 태양이 머리 위에

오게 됩니다.

또 북위 66.5° 이상인 지역을 북극권이라고 합니다. 이곳에서도 특별한 현상이 나타납니다. 하짓날 태양이 지평선 아래로 지지 않는 것입니다. 이것을 백야라고 하지요. 하루 종일 태양은 지평선을 따라 돌 뿐 지평선 아래로 지지 않는 것입니다. 그러면 밤이 어둡지 않겠지요. 백야란 '밝은 밤'이라는 뜻입니다.

그러면 북극권에서 동지는 어떨까요?

__ 태양이 떠오르지 않아요!

그렇습니다. 동지에는 태양이 지평선 위로 떠오르지 않습니다.

남위 66.5° 아래 지역은 남극권이라 부릅니다. 이곳에서는 북극권과 정반대의 현상이 나타납니다.

　　지구상에는 특별한 2개의 점이 있습니다. 그 점은 무엇일까요?

　　＿북극과 남극이오.

　　그렇습니다. 북극점과 남극점은 특별한 점입니다. 여기서도 여러 가지 특별한 현상이 나타납니다.

　　남극과 북극에서는 춘분과 추분에 태양이 지평선을 따라 도는 현상이 나타납니다. 태양이 지평선상에서 돌기만 할 뿐 떠오르지 않는 것입니다.

　　또 북극점에서는 춘분에서 추분까지는 낮만 계속되고, 추

북극권에서 하짓날

백야가 나타난다.

밤내도록 태양이 지평넌 아래로 지지 않고 지평넌을 맴돈다.

분에서 춘분까지는 밤만 계속됩니다.

물론 남극점에서는 북극점과 정반대의 현상이 나타납니다.

연초를 정한 방법

이제 마지막으로 1년의 시점에 대해 생각해 봅시다.

매년 12월 31일이 되면 사람들은 새해를 맞는 기분으로 들떠 있고 자정이 가까워질수록 각종 매스컴에서는 요란하게 신년을 맞이하는 카운트다운을 합니다. 이렇게 분위기가 들떠 있으면 냉정한 저도 약간은 마음이 설레게 됩니다.

그런데 생각해 보면 이렇게 1년 중 다른 어떤 날보다도 호들갑스럽게 맞이하는 1월 1일, 즉 연초는 천문학적으로 어떤 의미가 있을까요?

유감스럽게도 사람들의 이런 들뜬 분위기와 달리 현재 달력에서의 연초는 천문학적으로 별 의미가 없습니다. 달력을 만들면서 그냥 우연히 정해진 날일 뿐입니다.

그렇다면 세계의 여러 민족들은 연초를 어떻게 정했을까요?

고대 서양에서는 한 해가 시작하는 날을 춘분날로 정해 왔습니다. 이 때문에 춘분이 들어 있는 달을 1월로 정하기도 했습니다.

반면에 중국을 비롯한 동양권의 경우는 동짓날을 기준으로 해서 동지가 들어 있는 달을 한 해의 시작으로 했습니다.

한국에서는 새해의 첫날을 음력으로 정하고, 설날이라 하고 있습니다. 이것을 한자로는 원일(元日), 원단(元旦), 세수(歲首), 연두(年頭), 연시(年始), 정초(正初)라고도 하는데 이날은 연중 가장 큰 명절입니다.

한국어로 설이란 말은 '사린다'에서 나왔고, '조심한다'는 뜻이 있습니다. 따라서 설은 '근신한다'는 의미를 갖기도 하는데, 아마도 해가 시작되는 첫날은 모든 말과 행동을 삼가

고 지나간 해를 되돌아보며, 새해를 맞는 마음으로 자세를 새
롭게 한다는 의미인 것으로 생각됩니다.

그렇다면 이런 특별한 의미를 갖는 설날, 즉 한 해의 시작
을 양력에서 다시 정한다고 하면 어떤 날로 하는 것이 좋을
까요?

아마 어떤 사람들은 역사상 특별한 의미가 있는 날로 하자
고 하겠지요. 이를테면 '성탄절'이나 '부처님 오신 날' 같은 날
말입니다.

하지만 이런 날은 아마도 민족 간이나 종교인 간의 갈등
만 불러올 뿐 서로 간에 합의가 전혀 되지 않을 것이 분명
합니다.

그렇다면 설날은 결국 천문학적으로 정하는 방법밖에 없을
것입니다. 사실 1년이란 주기도 천문학적으로 지구가 태양
주위를 1바퀴 도는 기간으로 정해졌으므로, 1년의 시작도 천
문학적으로 의미가 있는 날이 되는 것이 마땅할 테니까요.

선생님, 1년은 어떻게 정해지나요?

1년을 정하는 방법은 여러 가지가 있지요.

첫째, 낮 또는 밤의 길이 변화를 이용하는 것입니다. 즉, 낮의 길이가 가장 짧은 날에서 다시 가장 짧아지는 날까지의 날수를 세는 것입니다.

시간 측정이 정확해야겠어요.

맞아요. 그래서 시계가 없던 고대인들이 사용하기에는 적당한 방법이 아니었습니다.

그럼 다른 방법은 뭔가요.

우리는 시계가 없어서 몰라.

태양이 남중했을 때의 고도 변화를 이용하는 것입니다. 태양의 남중 고도는 계절에 따라 변하는데, 북반구는 여름철에 고도가 높고, 겨울철에 고도가 낮습니다.

1년의 길이를 재는 방법

춘분·추분
동지
하지
북
남
동

각도기를 이용해 직접 재야 하나요.

간단한 방법이 있는데, 수직으로 세운 막대기의 그림자가 가장 짧은 날부터 다시 가장 짧아지는 날까지의 날수를 세는 것입니다.

이외에도 태양이 떠오르는 위치가 계속 바뀌는 것을 이용하거나, 별이 떠오르는 것을 이용해 1년의 길이를 알아낼 수 있습니다.

여러 가지 방법이 있네요.

1달은 어떻게
정해졌을까요?

1달이란 무엇인가요?
1년을 12달로 나눈 이유는 무엇일까요?
달력에서 달(月)이 어떤 의미를 갖는지 알아봅시다.

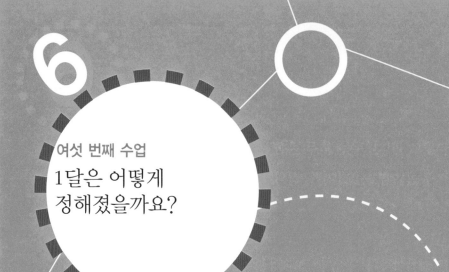

6

여섯 번째 수업

1달은 어떻게
정해졌을까요?

메톤의 여섯 번째 수업은
1년이 12달인
이유에 관한 내용이었다.

우리가 사용하는 달력에는 1월부터 12월까지 모두 12개의
달이 있지요.

이번 시간에는 달은 어떻게 정해졌는지, 또 1년에는 왜 12
달이 있게 되었는지 알아보도록 하겠습니다.

1년이 12달이 된 이유

사람들은 어떻게 달력에 달(month)이라는 주기를 사용할 생각을 했을까요?

1년의 날수는 며칠이라고 했지요?

—365.24……일이오.

음, 상당히 정확하게 알고 있군요. 그렇습니다. 1년은 반올림해서 약 365일이지요.

그런데 문제는 1년의 날수인 '365'라는 수가 달력을 만들 당시의 고대인들에게는 손가락셈으로 세기에는 굉장히 큰 수였다는 것입니다.

사람들에게 1년의 주기를 정확하게 아는 것은 매우 중요했습니다. 왜냐하면 1년은 계절이 순환되는 주기이므로 한 해의 농사와 직접 관련되어 있기 때문입니다. 다시 말해 한 해의 식량 확보, 즉 생존과 연관되는 중요한 문제였습니다.

만약 1년의 주기를 잘 계산하지 못하면 농사를 짓는 데 어려움이 많을 것입니다. 그래서 사람들은 1년이라는 긴 주기를 나눌 좀 더 짧은 주기를 찾게 되었습니다.

사람들은 그런 주기를 자연에서 쉽게 찾을 수 있었습니다. 그것은 바로 달의 모양이 변하는 주기였습니다.

달은 매일 찼다 기울었다 하며 모양이 변하는데, 그 변화의 주기는 약 30일이었습니다. 이 주기는 1년이라는 주기보다 훨씬 작을 뿐 아니라 눈으로 쉽게 확인할 수 있어서 더욱 편리했습니다.

사실 1년이라는 주기는 그 시작과 끝이 분명하지 않습니다. 계절이 바뀌는 것은 알 수 있지만 언제 계절이 바뀌는지, 언제 겨울이 끝나고 봄이 시작되는지 정확하게 말할 수 없기 때문입니다.

이런 이유로 달력에 달이라는 주기가 도입되었는데, 이런 생각은 민족들마다 비슷했던 것 같습니다. 왜냐하면 세계의 거의 모든 민족이 달이 차고 기우는 주기를 달력에 사용하였으니까요.

달이 차고 기우는 이유

그런데 달은 왜 차고 기울까요?

이것을 설명하기 전에 먼저 달이 어떻게 빛나는 것인지 알아봐야 합니다.

달은 어떻게 빛나지요? 스스로 빛을 내나요?

__아니요. 달은 태양광을 반사해서 빛납니다.

그렇습니다. 태양은 스스로 빛을 내지만 달은 스스로 빛을 내는 것이 아니라 태양광을 받아서 빛을 냅니다. 그래서 달은, 태양광을 받는 부분은 밝게 보이지만 태양광을 받지 못하는 부분은 어둡기 때문에 지구에서 보이지 않습니다.

그렇다면 달의 모양이 바뀌는 이유는 무엇 때문인가요? 달이 커졌다 작아졌다 하기 때문인가요?

— 아니요. 밝은 부분이 보이는 정도가 달라서 그래요.

맞습니다. 달이 빛나는 부분이 얼마나 지구를 향하고 있느냐에 따라서 다르게 보이는 것입니다.

달은 지구 주위를 돌고 있으므로 달의 위치는 계속 변합니다. 그래서 달이 지구의 어느 쪽에 있느냐에 따라 빛나는 부분이 달라집니다. 지구를 향하는 정도에 따라서 지구에서 보는 달의 모양이 바뀌는 것입니다.

예를 들면, 보름달은 태양광을 받는 면이 모두 지구를 향하고 있을 때 보입니다. 그래서 지구에서 볼 때 달의 밝은 부분

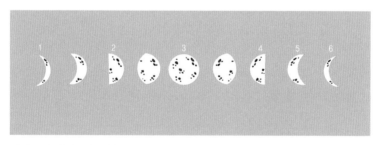

달의 모양 변화. 지구에서 볼 때 태양광을 받는 부분이 어느 정도 보이느냐에 따라 달의 모양이 다르게 보입니다. 1은 초승달, 2는 상현달, 3은 보름달, 4는 하현달, 6은 그믐달이다.

이 모두 보여서 동그랗게 보이는 것입니다.

또 반달은 태양광을 받는 면의 반쪽만이 지구를 향하고 있습니다. 그래서 지구에서 볼 때 반달로 보이는 것입니다.

그러면 초승달이나 그믐달은 어떨까요? 초승달은 지구에서 볼 때 태양광을 받는 면의 오른쪽 일부만 보이는 것이고, 그믐달은 반대로 왼쪽 일부만 보이는 것입니다.

사실 반달이나 초승달, 또는 그믐달도 모두 온전히 둥근 달입니다. 나머지 부분은 햇빛을 받지 못해 어두워서 보이지 않을 뿐이지요. 간혹 초승달일 때도 지평선 근처의 날씨가 아주 좋으면 태양광을 받지 못한 부분이 지구로부터 반사된 태양광을 받아 불그스름하게 보일 수도 있습니다.

결국 달이 지구 주위를 한 바퀴 도는 동안 태양광을 받는 부분이 지구에서 얼마나 보이느냐에 따라 달의 모양이 다양하게 관측되는 것입니다.

삼구의로 실험해 보는 달의 모양 변화

이번에는 오늘 내가 들고 온 삼구의를 이용하여 지구에서 볼 때 달의 모양이 어떻게 바뀌는지 알아볼까요?

삼구의는 태양 주위를 도는 지구와 달의 운행을 보여 준다.

삼구의에 전원을 연결하면 가운데 붉은 전구에 불이 들어옵니다. 이 붉은 전구는 태양에 해당합니다. 전구에 불이 들어오면 빛이 지구와 달을 비추지요.

지구에서는 전구의 빛을 받는 부분은 낮이고, 전구의 빛을 받지 못하는 부분은 밤입니다. 달에서 빛을 받는 부분은 밝게 빛나고, 빛을 받지 못하는 부분은 어두워서 지구에서 보이지 않습니다.

만일 달이 지구와 태양 사이에 놓이면 햇빛을 받아 빛나는 부분은 지구 반대쪽을 향하고, 빛을 받지 않는 어두운 부분은 지구를 향해서 지구에서는 달을 볼 수 없게 됩니다. 이때의 달을 삭 또는 신월이라고 합니다.

또 달이 지구를 사이에 두고 태양 반대쪽에 있으면, 달의 빛나는 부분이 지구를 향하게 되어 지구에서 볼 때 달은 온전히 둥글게 보입니다. 이때의 달이 보름달입니다.

달이 지구를 사이에 두고 태양과 직각인 위치에 있으면, 달의 빛나는 반쪽 부분만 지구를 향하게 되어 지구에서 볼 때 달은 반쪽만 보이고 반쪽은 어두워서 보이지 않습니다. 이때의 달이 반달입니다.

반달은 지구에서 볼 때 어느 쪽 부분이 보이느냐에 따라 상현달과 하현달로 나뉘집니다. 상현달은 오른쪽 반쪽만 보이는 것이고, 하현달은 왼쪽 반쪽만 보이는 것입니다.

월령과 달의 변화

월령(月齡)에 따라 달의 모양이 어떻게 변하는지 살펴봅시다.

월령이란 '달의 나이'란 뜻인데, 삭으로부터의 날수를 말합니다. 예를 들어, 월령 3일은 삭으로부터 만 3일이 되었다는 뜻입니다.

월령 0일인 달은 삭 또는 신월입니다. 신월은 지구를 기준으로 태양과 같은 쪽에 있습니다. 신월은 지구의 반대쪽 면이

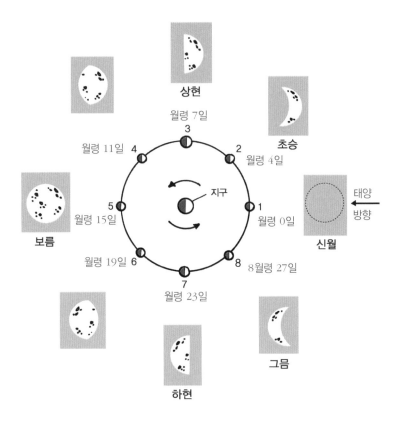

빛을 받아 빛나지만 그 빛은 지구로 오지 않고, 또 빛을 받지
않는 쪽은 지구를 향하지만 어두워서 역시 보이지 않습니다.
결국 이 달은 지구에서 볼 수 없는 달이 됩니다. 신월은 태양
과 똑같이 아침에 떠오르고 저녁에 집니다.

　삭으로부터 만 3일 정도가 지나면 초저녁에 서쪽 하늘에서
낮게 뜨는 눈썹 모양의 달을 볼 수가 있습니다. 이 달이 초승

달이라 부르는 달입니다.

초승달은 아침에 떠서 하늘을 가로질러 이동하지만 밝은 태양 때문에 보이지 않습니다. 해가 지고 나면 잠깐 보이다가 곧 서쪽으로 져 버립니다. 그래서 초승달은 초저녁에 잠깐 동안 볼 수 있습니다.

월령 7일인 달은 상현달(반달)이 됩니다. 상현달은 태양이 남중할 무렵에 떠오르지만 햇빛에 가려 보이지 않다가 태양이 지고 나면 남쪽 하늘에서 볼 수 있습니다. 상현달은 자정에 서쪽으로 집니다.

월령 15일인 달은 보름달입니다. 보름달은 지구를 사이에 두고 태양의 반대쪽에 있어서 햇빛을 받는 면 전체가 지구를 향해서 온전히 둥글게 보입니다.

보름달은 해가 지고 난 후 동쪽에서 떠올라 해 뜨기 전에 서쪽으로 집니다. 결국 보름달은 가장 밝을 뿐 아니라 오랫동안 어두운 밤을 밝히는 것입니다. 그래서 옛날 사람들은 보름달을 특별히 더 좋아했습니다. 한국의 추석이나 정월 대보름은 모두 보름달과 관련된 큰 명절입니다.

월령 23일이 되면 달은 하현달(반달)이 됩니다. 하현달은 상현달과 달리 반대 방향의 반쪽이 밝게 빛납니다. 하현달은 자정에 동쪽 하늘에서 떠올라 정오에 서쪽으로 집니다.

월령 27일인 달은 그믐달입니다. 그믐달은 초승달을 뒤집어 놓은 듯한 모양으로, 초승달과는 정반대 쪽의 부분이 밝게 빛납니다. 그믐달은 새벽녘에 동쪽에서 떠오르지만 날이 밝으면서 태양의 빛 속으로 사라져 곧 보이지 않게 됩니다.

1달의 길이

1달의 길이는 며칠인가요?

__ 양력과 음력에 따라 다릅니다.

그렇습니다. 달력에서 사용하고 있는 달의 길이는 양력과 음력이 다릅니다. 음력은 29일 또는 30일입니다. 양력은 28일이나 29일도 있지만 주로 30일이나 31일입니다.

한자로 달력(月曆)의 달(月)은 밤에 뜨는 달과 같은데, 이것은 달력의 달이 하늘의 달로부터 왔기 때문에 붙여진 것입니다. 그렇습니다. 달이라는 주기는 달의 공전 주기와 관련이 있습니다.

달의 공전 주기는 날과 마찬가지로 태양을 기준으로 정할 수도 있고 별을 기준으로 정할 수도 있습니다.

태양을 기준으로 정해진 달을 삭망월이라고 합니다.

1삭망월은 태양을 기준으로 달이 지구 주위를 한 바퀴 도는 주기입니다. 이 주기는 지구에서 볼 때 달이 차고 기우는 주기와 같습니다.

1삭망월은 보름에서 보름까지 또는 삭에서 다음 삭까지입니다. 정확하게 측정된 삭망월은 다음과 같습니다.

1삭망월 = 29.53059일

1년은 12달

1달은 29.53059일인데 어떻게 1년은 12달이 되었을까요?

1년 365일을 삭망월 주기인 29.5일로 나누면 다음과 같이 됩니다.

$365 \div 29.5 = 12.37$달

따라서 1년을 12달로 하면 0.37달이 남고, 13달로 하면 0.63달이 모자랍니다. 그래서 1년을 12달로 한 것입니다.

음력은 달을 삭망월 주기에 맞춰서 사용하므로 1달은 29일 또는 30일이 됩니다. 하지만 양력에서는 달의 모양이 변하는 주기를 고려하지 않으므로 1년을 12달로 나누면 다음과 같이 됩니다.

365일 ÷ 12 = 30.4일

따라서 1달의 날수를 30일 또는 31일로 한 것입니다. 28일 인 달이 있는 이유는 나중에 설명하도록 하겠습니다.

별을 기준으로 하여 1달을 정할 수 있습니다. 별을 기준으로 정해진 달을 항성월이라고 합니다. 1항성월은 천구상의 별 또는 춘분점을 기준으로 하여 달이 지구 주위를 1바퀴 공전하는 주기입니다.

1항성월은 달이 춘분점을 기준으로 하여 지구 주위를 1회 공전하는 데 걸리는 시간으로 정해집니다. 정확하게 측정된 1항성월은 다음과 같습니다.

1항성월 = 27.32166일

1항성월은 삭망월에 비해 2일 정도가 더 짧습니다. 그 이유는 달이 지구 주위를 한 바퀴 공전하는 동안 지구도 태양

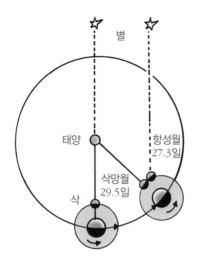

주위를 약 $\frac{1}{13}$ 만큼 돌기 때문에 달도 그만큼 더 돌아야 하는 것입니다.

$$365 \div 27.3 = 13.36$$

이때 걸리는 시간은 다음과 같으므로 삭망월은 항성월에 비해 약 2일 더 길게 되는 것입니다.

$$27.3일 \times \frac{1}{13} ≒ 2일$$

달력에서 사용하는 달은 삭망월이며, 항성월을 사용하는

경우는 없습니다.

달의 시작 일의 의미

마지막으로 달의 시작 일에 대해 알아보겠습니다.

양력에서 매달 1일은 어떤 의미가 있나요?

— ······.

대답을 못 하는 게 당연합니다. 특별한 의미가 없으니까요.

양력 매달 1일은 특별한 의미가 없습니다. 굳이 의미를 찾는다면 1년을 12로 나누어서 정해진 달의 첫날이라는 의미가 있겠지요.

그런데 2월은 28일밖에 되지 않으므로 달이 균등하게 나누어지지 않은 셈입니다. 이 때문에 매월 1일은 의미가 없는 셈입니다.

하지만 음력 매달 1일은 천문학적으로 특별한 의미를 가집니다. 이날은 항상 삭망으로 새로운 달이 시작되는 날이기 때문입니다.

사람들은 어떻게 달력에 달이라는 주기를 사용할 생각을 했을까요?

여러분은 1년이 며칠인지 알고 있나요?

365.24……일이오.

정확하게 알고 있군요. 1년의 날 수인 365라는 수는 달력을 만들 당시의 고대인들이 세기에는 굉장히 큰 수였습니다.

계산기로 하면 편한데.

옛날에 계산기가 어디 있었니?

이런 어려움을 해결하기 위해 사람들은 1년이라는 긴 주기를 나눌 보다 짧은 주기를 찾게 되었습니다.

아, 그래서 달의 모양이 변하는 주기를 선택한 것인가요?

맞아요. 달이 변화하는 주기는 약 30일로, 1년이라는 주기보다 훨씬 작고 쉽게 확인할 수 있어서 더욱 편리했습니다.

이런 생각은 민족들마다 비슷했던 것 같습니다. 세계의 거의 모든 민족이 달이 차고 기우는 주기를 달력에 사용하였으니까요.

이심전심이었나 보네요.

달력에서 사용하는 한 달의 길이는 음력은 29일 또는 30일이고, 양력은 주로 30일이나 31일입니다.

음력
29~30일

양력
30~31일

아, 그래서 1년이 12달이구나.

주는 **어떻게** 정해졌을까요?

일주일은 며칠인가요?
1달을 7일 주기로 나눈 이유는 무엇일까요?
달력과 일주일의 관계에 대해 알아봅시다.

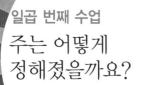

일곱 번째 수업

주는 어떻게
정해졌을까요?

메톤이 달력을 가져와서
일곱 번째 수업을 시작했다.

자, 이 달력을 보세요.

이 달력에는 각 달을 7로 구분하여 나타내고 있습니다.
이것은 달(月) 외에 주(週)라는 주기를 사용하고 있기 때문입
니다.

이번 시간에는 달력에 사용되는 주라는 주기에 대해서 알아
보겠습니다.

주가 사용된 이유

'달'이라는 주기는 '년'이라는 주기보다 훨씬 작지만 그래도 여전히 고대인들이 손가락셈으로 계산하기에는 큰 수였습니다. 그래서 사람들은 달을 더 작게 나누는 주기를 도입할 생각을 하게 되었습니다.

하지만 그에 합당한 주기를 자연 속에서 찾기는 어려웠습니다. 그래서 민족에 따라 인위적으로 달을 적당히 구분하여 사용하였습니다.

이렇게 해서 도입된 단위가 오늘날 주(week)라고 부르는 단위가 된 것입니다.

일주일은 7일

일주일은 며칠인가요?

__7일입니다.

그렇지요. 오늘날, 일주일은 7일입니다. 왜 일주일은 7일일까요?

__…….

＿ 그냥 편하니까요.

＿ 하느님이 6일간 세상을 창조하고 7일째 쉬셔서요.

그렇습니다. 일주일이 7일인 이유는 나름대로 이유가 있습니다. 하지만 분명한 것은 '주'라는 주기는 날이나 달, 년과 같은 자연적인 주기와 다르다는 사실입니다.

고대 바빌로니아 인과 유대 인은 종교적인 이유에서 주 7일제를 사용했습니다.

하지만 고대 로마 인은 주 8일제를 사용했다고 하는군요. 그 이유는 로마 인은 7일 동안 일을 하고, 8일째는 시장에 가는 날로 정했기 때문이라고도 합니다.

예로부터 한국이나 중국과 같은 동양에서는 1달을 열흘 주

기로 나누었다고 합니다. 그래서 1달을 초순, 중순, 하순으로 구분했습니다. 이런 점에서는 고대 이집트 인이나 그리스 인도 비슷했던 것 같습니다.

또 아프리카의 어떤 부족은 일주일을 4일로 정하여 사용한다고도 합니다. 이처럼 '주'라는 주기는 민족이나 지역에 따라서 상당히 다릅니다. 그것은 '주'라는 주기가 민족에 따라 전혀 다른 전통과 문화, 종교와 역사적 배경에 의해 도입되었기 때문입니다.

물론 '주'라는 주기가 자연의 주기와 전혀 상관없는 것이 아니라 달의 모양 변화와 관련이 있다고 주장하는 사람도 있습니다.

달의 모양이 변하는 주기는 29.5일인데 보름이 되는 때는 그 절반인 15일이 되고, 반달이 되는 때는 다시 그 절반인 7일이 되기 때문입니다.

$$29.5 \div 4 = 7.375$$

따라서 일주일이 7일인 이유는 달의 모양 변화와 관련이 있다는 것입니다.

요일의 유래

오늘날 우리는 '주' 안의 7일을 '요일'이라는 단위로 부릅니다. 그런데 이 요일 앞에 붙은 이름들, 다시 말해 '일·월·화·수·목·금·토'라는 명칭은 어디에서 비롯되었을까요?

우리는 지구가 태양 주위를 도는 8개 행성 중에 하나인 것을 잘 알고 있습니다. 고대인들은 물론 이 사실을 알지 못했습니다.

하지만 태양계의 밝은 5개 행성, 즉 수성·금성·화성·목성·토성이 그 밖의 다른 모든 별들과 다르다는 것을 알고 있었습니다.

이 5개 행성들은 매우 밝아서 맨눈으로 쉽게 찾을 수 있었으며, 매일 다른 별들에 대해 보이는 상대적인 위치가 달라지기 때문에 구분이 되었습니다.

고대 바빌로니아 인은 이런 행성에는 신이 살면서 우리 인간 세계를 지배한다고 믿었습니다. 이 신들은 이 세상에 전쟁과 질병을 일으키고 가뭄과 기근, 지진과 홍수를 일으키며, 인간 개개인의 운명을 결정한다고 생각했습니다.

이 5개 행성에 태양과 달을 합하면 모두 7개의 천체가 되는데, 바빌로니아 인은 이 7개 천체가 우주의 시간과 공간을 지배하며, 각각 주관하는 날짜를 지배한다고 믿었습니다.

일주일이 현재와 같이 7일이 된 것은 고대 이집트 인이 각 날을 태양과 달, 그리고 5개의 행성의 이름을 붙여 사용한 것이 시초라고도 합니다.

어쨌든 이렇게 하여 요일의 이름에는 태양과 달, 그리고 밝은 5개의 행성인 수성, 금성, 화성, 목성, 토성의 이름이 붙여지게 되었습니다.

영어도 그렇지만 로망스 제어(라틴 어에서 파생한 언어들로 인도 유럽 어족에 속하는 이탈리아 어파의 하위 어군을 이루면서 서로 친족 관계를 맺고 있는 언어 집단)에서는 천체들의 이름이

요일명

왜 요일 이름을 '일·월·화·수 목·금·토'라고 하지? 1요일, 2요일, 3요일…, 뭐 이렇게 부르면 안 돼?

그건 해와 달, 그리고 5개 행성 이름에서 따온 거야!

요일에 남아 있습니다.

한국에서 사용하는 요일 이름, 즉 '월·화·수·목·금·토'는 이를 따라서 붙인 것입니다.

요일의 순서를 정한 원리

다 같이 요일 이름을 차례대로 말해 볼까요?

＿ 월요일, 화요일, 수요일, 목요일, 금요일, 토요일, 일요일이 있어요.

그렇지요. 물론 월요일이 아니라 일요일이 먼저라고 하는 사람들도 있습니다. 왜 요일은 순서가 '월화수목금토일'일까요?

＿ …….

내가 묻고 싶은 것은 어느 요일이 먼저냐가 아니라 어떻게 지금과 같은 요일의 순서가 정해졌느냐는 것입니다.

처음에 요일의 이름이 붙여질 때는 멀리 있는 행성의 순서로 정해져서 '토·목·화·일·금·수·월'의 순서였다고 합니다.

이는 점성술에서 각 천체가 지배하는 시간의 순서입니다. 토성은 토요일의 첫째 시간을 지배하며, 목성은 둘째 시간을,

화성은 셋째 시간을……. 이런 순서로 하면 24번째 시간은 화성이 지배하게 됩니다.

그리고 그 다음 날의 첫째 시간은 전날에 이어진 25번째 시간에 해당하므로 다음 순서인 태양이 지배하는 시간이 됩니다. 그런데 점성술에서 첫째 시간을 지배하는 신이 그날을 지배한다고 생각했으므로 토요일 다음 날은 태양이 지배하는 날, 즉 일요일이 된 것입니다.

이런 식으로 매일의 첫째 시간을 지배하는 행성들의 이름을 찾아보면 '토·일·월·화·수·목·금'의 순서가 되는데, 이렇게 해서 정해진 순서가 오늘날 '일·월·화·수·목·금·토'의 순서가 된 것입니다.

주 7일제와 요일 이름은 로마 제국으로 전해졌고, 또 로마 제국이 기독교를 공인하면서 자연스럽게 서구 세계에 주 7일제가 자리잡게 되었습니다.

'년' 보다 주기가 작은 건 '달' 이고, '달' 보다 주기보다 작은 건 '주' 야.

그런데 달력에 각 달을 7로 구분해서 '주' 라는 주기를 사용한 이유는 뭘까?

'달' 이 '년' 보다는 훨씬 작아도, 고대인들이 손가락셈으로 계산하기에는 큰 수라서 더 작게 나누게 된 거예요.

하지만 그에 합당한 주기를 자연 속에서 찾기는 어려웠을 것 같은데요.

1년12달   52주   365일 ???

맞아요. 그럼 왜 일주일은 7일일까요?

글쎄요. 그냥….

하느님이 6일간 세상을 창조하고 7일째 쉬셔서요.

6일간 창조했으니 7일째는 쉬자

종교적인 이유에서 주 7일제를 사용한 것은 고대 바빌로니아 인들과 유대 인들이죠. 하지만 다른 민족들은 각자 나름대로 나누었죠.

한국이나 중국과 같은 동양은 어땠나요?

일주일은 7일이야.

아냐 8일이야.

10일이야

4일이라니까!

유대 인   로마 인   그리스 인   아프리카인

동양은 예로부터 한 달을 초순, 중순, 하순으로 구분해 열을 주기로 나누었죠.

'주' 라는 주기는 민족이나 지역에 따라서 상당히 달랐군요.

한 달을 초순, 중순, 하순으로 구분하니까…

오늘이…

현재의 일주일의 시초는 고대 이집트 인들이 각 날에 태양과 달, 화성, 목성, 수성, 토성, 금성의 이름을 붙여 사용한 것이죠.

모두 7개이니까 7일로 하자.

8

인류가 사용해 온 달력

율리우스력이란 무엇인가요?
율리우스력의 역사와 달의 이름에 대해서 알아봅시다.

여덟 번째 수업

인류가 사용해 온 달력

메톤이 지난 수업 시간에
배운 내용을 복습하며
여덟 번째 수업을 시작했다.

지금까지 우리는 달력의 기본 요소인 년(year), 주(week),
달(month), 그리고 날(day)에 대해 공부했습니다.

이번 시간에는 인류가 어떤 달력을 사용해 왔는지 알아보도
록 하겠습니다.

지금까지 발견된 달력 중 가장 오래된 것은 프랑스의 아브
리 블랑샤르에서 발견된 달력입니다. 이 달력은 독수리의 뼈
조각에 달이 변하는 모양을 새겨 넣은 것으로 약 3만 년 전의
것으로 추정됩니다.

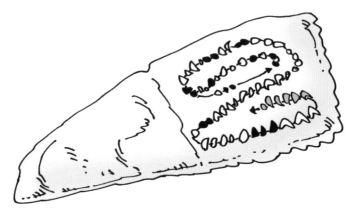

아브리 블랑샤르의 뼈에 새겨진 달력

이렇게 보면 달력은 구석기 시대부터 사용되었던 것 같습니다.

달력은 고대 인류 문명의 4대 발상지, 즉 이집트 · 메소포타미아 · 인더스 · 황허 등에서 모두 사용되었습니다. 이들 문명권에서는 농경과 제사에 달력을 이용했는데, 그들이 정확한 달력을 얻기 위해 많은 노력을 했던 흔적이 남아 있습니다.

인류의 조상들은 어떤 달력을 사용했을까요?

__음력이오.

__양력이오.

사실 인류가 사용해 온 달력은 무척 많지만 크게 나누면

2종류로 구분할 수 있습니다.

하나는 달의 위상 변화 주기에 맞춰 만든 태음력이고, 다른 하나는 태양의 운행 주기에 맞춰 만든 태양력입니다.

태음력은 오로지 달의 삭망 주기에만 맞춰서 만들어진 달력이고, 태음 태양력은 계절과 맞추기 위해 태음력에 태양력을 적절히 조합하여 만든 달력입니다. 우리가 흔히 음력이라고 부르는 달력은 태음 태양력입니다.

태음력

태음력은 달의 삭망 주기(29.53059일)를 1달로 정하고 1년에 12달을 둔 달력입니다.

다만 1달을 29.5일로 정할 수는 없으므로, 달을 작은달(29일)과 큰달(30일)로 구분하여 교대로 배열하는 방법을 사용합니다. 따라서 1년의 날수는 다음과 같이 됩니다.

$$(29일 \times 6) + (30일 \times 6) = 354일$$

태음력은 1달을 29.53059일을 약 29.5일로 계산한 셈이므로 매달 0.03059일이 남습니다. 이 때문에 33달이 지나면 다음과 같이 됩니다.

0.03059일 × 33 = 1.00947일 ≒ 1일

그러므로 약 33달에 1번 정도로 하루가 더 있는 윤일을 넣어서 주기를 맞춥니다.

이처럼 계절을 맞추기 위해 달력에 추가하는 날과 달을 각각 윤일과 윤달이라고 합니다. 그리고 윤일이나 윤달이 있는 해를 윤년이라고 하며, 윤년을 두는 방법을 치윤법이라 합니다.

태음력의 1년은 354일이므로, 1태양년(365일)과 비교하면 매년 11일 정도씩 빨라지게 됩니다. 따라서 3년이 경과하면 태양년에 비해 1달이 빨라지는 셈이고, 18년이 지나면 6개월이 빨라집니다.

달력에서 6개월이 빨라진다는 것은 여름과 겨울이 뒤바뀐다는 뜻이지요. 예를 들어 8월이 여름이었는데, 18년 후에는 겨울이 되는 것입니다.

이렇게 되면 달을 보고 계절을 알 수 없게 되지요. 그러면 달력의 날짜만 보고 여행 계획이든 사업 계획이든 장기적인 계획을 세우기가 어려워집니다. 계절을 복잡하게 따져 봐야 할 테니까요.

이런 단점 때문에 오늘날 이 달력을 공식 달력으로 사용하는 나라는 거의 없습니다. 하지만 종교적 목적으로 사용하는 사람들도 있는데 바로 이슬람교도들입니다. 이슬람교도들이 사용하는 태음력은 이슬람력(회교력) 또는 마호메트력이라고 불립니다.

회교력의 달 이름과 날수

월	이름	일수
1	무하람	30
2	사파르	29
3	라비I	30
4	라비II	29
5	주마다I	30
6	주마다II	29
7	라자브	30
8	샤반	29
9	라마단	30
10	샤발	29
11	둘카다	30
12	둘히자	29/30

이슬람력에서는 큰달(날수가 30일인 달)과 작은달(날수가 29일인 달)을 번갈아 두어 짝수 달은 큰달이고, 홀수 달은 작은달입니다. 윤일은 30년에 11번을 두는데,* 추가되는 윤일은 12월 마지막 날 다음에 두도록 하고 있습니다.

이슬람교도는 하루에 성지인 메카를 향해 6번 기도하고, 이슬람력 9월 27일을 신이 코란을 내려 준 신성한 달로 여겨 9월에는 해가 있는 동안 단식하는 계율을 지킵니다.

―――――――
* 이슬람력을 30으로 나누었을 때 나머지가 2, 5, 7, 10, 13, 16, 18, 21, 24, 26, 29 인 해가 윤년이 됨.

이 계율을 '라마단'이라고 부르는데, 라마단은 아라비아 어로 더운 달이란 뜻으로 9월을 의미합니다. 하지만 이슬람력은 태음력이기 때문에 매년 11일씩 짧아져서 단식 기간이 여름이 되기도 하고 겨울이 되기도 합니다.

흔히 이슬람교도들은 자신의 나이를 말할 때 태음력으로 계산한 나이를 말하는데, 이 경우에는 태양력으로 계산한 통상적인 나이와 다를 수 있습니다.

예를 들면, 자신의 나이를 33세로 소개하는 이슬람교도라면 한국식 나이로는 1세 적은 32세에 해당합니다. 66세의 경우에는 한국식 나이로 2세 적은 64세에 해당합니다.

원래 아라비아에서는 태음 태양력을 사용하고 있었습니다.

태음 태양력에서는 계절을 맞추기 위해 윤일 외에 2~3년에 1번 정도로 윤달을 두는데, 윤달을 정해진 법칙에 따라 두지 않고 신관이 정치적 목적으로 제멋대로 남용하였으므로 마호메트가 폐지하고 태음력으로 바꾼 것입니다.

이집트력의 의미

현재 우리가 사용하고 있는 달력은 태양력입니다. 태양력의 기원은 기원전 3000년경의 고대 이집트까지 거슬러 올라갈 수 있습니다.

이집트의 나일 강은 해마다 범람하여 그 주변 지역을 비옥하게 만들었으므로, 나일 강 유역은 일찍부터 농경이 발달하였고 세계 4대 문명의 발상지의 하나가 될 정도로 발전했습니다.

이집트의 천문학자들은 나일 강이 범람하는 주기를 알기 위해 하늘을 관측하던 중 나일 강이 범람을 시작할 때면 해 뜨기 직전 동쪽 하늘 위로 시리우스(겨울철 큰개자리의 가장 밝은 별)가 떠오르는 것을 발견하였습니다. 이집트 인들은 이 별의 출몰 주기를 관측함으로써 1년의 길이가 365일임을 알게 되었고, 시리우스의 주기적인 출현을 1년의 시작으로 삼아 태양력을 만들었습니다.

이집트 인들은 1년을 범람기·파종기·수확기의 세 시기로 구분했으며, 1달을 30일로 하여 12달을 두고, 1달은 10일씩 3주기로 나눴습니다. 그리고 나머지 5일은 연말에 두었습니다. 이것을 이집트력이라고 부릅니다.

그런데 이집트력은 1년을 365.24219878일을 약 365일로 하였으므로, 4년이 지나면 다음과 같이 됩니다.

$$0.24219878일 \times 4 \fallingdotseq 0.9688일$$

즉, 하루 정도씩 1태양년보다 빨라지게 되는 것입니다. 이 때문에 이집트력은 약 120년이 지나면 1달이 빨라지고, 또 약 700년이 지나면 6개월이 빨라집니다. 6개월이 빨라진다는 것은 여름철이었던 달이 겨울철로 바뀌는 것이지요.

따라서 이집트력도 태음력과 마찬가지로 계절의 어긋남이 생기는 약점이 있습니다. 물론 이집트력은 태음력보다는 계절의 어긋남이 훨씬 느리게 진행되지만 그래도 수백 년이 지나면 달력과 계절의 어긋남이 확연히 드러나게 되는 것입니다.

이집트력을 만든 원리

태음력의 1년은 태양력과 11일 차이가 나므로 달력을 계절과 일치시키기 위해서는 여분의 날이나 달을 더 두어야 했습니다.

처음에는 계절을 맞추기 위해 윤일이나 윤달을 임의로 두었고, 대략 3년에 1번 정도 윤달을 두면 계절을 맞출 수 있다는 것을 알게 되었습니다. 이와 같이 태음력에 윤달을 추가하여 계절을 맞춘 달력을 태음 태양력이라고 합니다.

태음 태양력에서는 윤달을 두는 방법에 따라 태양력과의 오차가 줄어듭니다. 태음 태양력에서 윤달을 두는 방법은 3년에 1번, 8년에 3번, 11년에 4번, 19년에 7번, 334년에 123번 넣는 방법 등이 있습니다. 전통적으로 8년법이나 19년법이 많이 사용되어 왔습니다.

19년법은 19년에 7번의 윤달을 두는 방법이므로, 19년 7윤법이라고도 하고, 내가 발견하였기 때문에(기원전 433년) 내 이름을 따서 메톤 주기라고도 합니다.

그러면 19년에 7번 윤달을 두면 잘 맞는 이유를 알아봅시다.

먼저 태음력으로 19년 7달은 235달에 해당합니다. 즉,

(19 × 12달) + 7달 = 235달

따라서 235달의 총 날수는 다음과 같습니다.

29.530588일 × 235달 = 6,939.6882일

또 태양력으로 19년의 날수는 다음과 같습니다.

365.242196일 × 19년 = 6,939.6017일

보세요. 음력 19년에 7달을 더한 날수와 양력 19년의 총 날수는 같은 6,939.6일이 됩니다. 놀랍지요! 제가 발견한 겁니다.
　물론 334년에 123번의 윤달(4,131삭망월)을 둔다면 더욱 잘 일치하게 됩니다.
　먼저 태음력으로 334년 123달은 4,131달에 해당합니다.

(334 × 12달) + 123달 = 4,131달

따라서 4,131달의 총 날수는 다음과 같습니다.

29.530588일 × 4,131달 = 121,990.86일

또 태양력으로 334년의 날수는 다음과 같습니다.

365.242196일 × 334 = 121,990.89일

음력 334년에 123달을 더한 날수와 양력 334년의 총 날수는 같은 12만 1,990.89일이 됩니다.

전통적으로 동양에서는 태음 태양력을 사용해 왔습니다. 하지만 윤달을 적용하게 되면, 계절은 어느 정도 맞출 수 있지만 음력 날짜와 양력 날짜는 꽤 차이가 납니다. 이러한 차이는 농작물의 파종과 수확 시기에 영향을 주게 되어 수확량

에 많은 차질을 가져오게 됩니다.

이런 문제를 해결하기 위해 동양에서는 태음 태양력에 24절기를 도입했습니다. 24절기는 음력에다가 황도상의 표준이 되는 24개의 점을 일정한 간격으로 배분해 넣은 것입니다. 그래서 농부들이 24절기를 보고 농사를 짓게 하여 시기를 놓치지 않도록 하였습니다.

달력에서 해결되지 않은 문제

세월이 지나면 달력과 계절이 어긋나기는 태양력도 마찬가지였습니다.

태양력인 이집트력은 1년을 365일로 하고 윤일을 두지 않았기 때문에 4년마다 약 하루 정도씩 빨라졌습니다. 계절과 달력은 천천히 어긋나기 시작했습니다. 달력의 날짜가 점점 계절과 어긋난다는 것을 먼저 알아차린 사람들은 씨 뿌리고 추수하던 농부들이었습니다.

고대 이집트 인들은 1년이 정확하게 365일이 아니라는 것을 알게 되었지만, 이집트 역대 어떤 왕조도 달력을 수정하지는 않았습니다.

요일명

그건 우수리를 모은 거야.
1년이 정수로 딱 떨어지는 날수나
달수가 아니기 때문이지!

도대체 윤년이나
윤달은 왜 있는 거죠?

　알렉산더 대왕이 이집트를 정복한 후 이집트는 그리스 인들이 세운 프톨레마이오스 왕조가 지배하게 되었습니다. 프톨레마이오스 왕조 때는 4년마다 달력에 윤일을 넣으려는 시도가 여러 차례 있었지만, 보수적인 사제들의 반발로 결국 받아들여지지 않았습니다.

　달력을 계절에 맞추는 또 다른 방법은 윤일을 수용하지 않고 하루의 길이를 바꾸는 방법도 있습니다. 1년을 365.25일의 여분의 시간 0.25일을 365일에 나눠서 배정하면 365일을 만들 수도 있는 것입니다. 하지만 이것을 적용하기는 어렵습니다. 그렇게 되면 하루의 시작 시각이 계속 달라져서 시각을 보고는 때를 알 수 없게 되기 때문입니다. 그렇게 되면 아침 6시에 뜨던 해가 밤 12시에 뜨게 될 수도 있게 됩니다.

치윤법

우리가 달력을 사용하는 중요한 목적 가운데 하나는 달력을 보고 계절을 알거나 달이 차고 기우는 것을 알기 위한 것입니다.

하지만 태음력이든 태양력이든 1달 또는 1년이라는 주기가 정확하게 날수로 나누어 떨어지지 않으므로 하루가 안 되는 날수가 남게 됩니다.

하루가 안 되게 남는 날수를 어떻게 처리했을까요?

사람들은 처음에는 이 남는 날수를 무시했습니다. 하지만 수년, 수백 년이 지나면서 오차가 점점 크게 벌어지자 윤일이나 윤달을 두는 방법을 사용하게 되었던 것입니다. 이렇게 달력에 윤일이나 윤달을 두는 방법을 치윤법이라고 합니다.

태양력의 경우는 태음력보다 치윤법이 쉽습니다. 태양력의 경우에는 달의 삭망 주기를 고려할 필요 없이 오로지 지구의 공전 주기에만 신경 써서 맞추면 되니까요.

하지만 태음력의 경우에는 달의 삭망 주기뿐 아니라 계절의 변화를 고려해 태양의 주기와도 맞추어야 했기 때문에 더 까다로웠습니다.

한국에서 사용해 온 달력

한국에서 달력을 처음 사용하기 시작한 것은 고조선 무렵부터일 가능성이 높습니다. 하지만 기록으로 남아 있지는 않습니다.

《삼국사기》의 기록으로 신라는 일찍부터 달력을 썼다고 하는데 어떤 역법을 사용하였는지는 전해지지 않고 있습니다. 830년경 통일 신라 시대는 당나라에서 선명력(宣明曆)을 들여와서 사용하였다고 합니다. 선명력은 이후 고려 충렬왕 때까지 사용되었다고 하므로 한국에서는 가장 오랫동안 사용된 달력입니다.

1275년 고려 충렬왕 1년에는 원나라에서 새로 수시력(授時曆)을 들여와서 사용하였습니다. 하지만 일식이나 월식 계산 방법은 선명력의 방법을 따라 썼습니다.

수시력은 명나라 때 약간 수정되어 대통력(大統曆)이라는 이름으로 발간되었으므로, 조선 시대에는 대통력을 받아서 사용하였습니다. 하지만 일식이나 월식 예측이 맞지 않는 문제가 있었습니다.

그래서 1653년부터 시헌력(時憲曆)을 쓰게 되었습니다. 시헌력은 서양에서 들어온 역법으로 태양력이 아닌 태음 태양 역법이었습니다. 서양식 계산법을 썼고, 1태양년의 길이를 365.2422일 또는 365.2423일로 정하여 당시까지 쓰던 모든 역보다 더 오차가 적은 값을 사용하였습니다.

한국에서 태양력이 처음 쓰인 때는 1896년 1월 1일부터입니다. 이는 당시 국제 정세의 변동을 반영한 고종 조칙에 따른 것으로, 고종 32년(1895년) 11월 17일(음력)을 건양 1년(1896년) 1월 1일로 정하여 처음으로 태양력이 시행되었습니다.

이것 좀 보세요. 지금까지 발견된 달력 중 가장 오래된 달력이래요.

프랑스의 아브리 블랑샤르에서 발견된 이 달력은 독수리의 뼈 조각에 달이 변하는 모양을 새겨 넣은 것으로 약 3만 년 전의 것으로 추정이 되지요.

그러면 달력은 구석기 시대부터 사용되었던 것이군요.

달력은 고대 인류 문명의 4대 발상지에서 모두 사용되었어요. 이들 문명권에서는 농경과 제사에 달력을 이용했지요.

인류의 조상들은 어떤 달력을 사용했나요?

인더스 문명

메소포타미아 문명

황하 문명

이집트 문명

우리도 달력을 사용했어!

크게 달의 위상 변화 주기에 맞춰 만든 태음력과 태양의 운행 주기에 맞춰 만든 태양력으로 구분되지요.

태양

달

지구

달의 삭망 주기는 29.5일이므로 큰달과 작은달을 교대로 배열하는 방법으로 태음력을 만들었죠. 하지만 1년이 354일이 되기 때문에 지금은 거의 사용하지 않아요.

이슬람교도들은 아직도 태음력(회교력)을 사용한다고 들었어요.

우리는 종교적 목적으로 태음력을 사용하지!

맞아요. 그리고 현재 인류가 주로 사용하는 달력은 태양력으로, 고대 이집트인들이 시리우스 별의 출몰 시기를 관측하여 1년을 365일로 정한 것이지요.

그렇군요.

시리우스 별을 관측해 보니 1년은 365일이야.

서력의 유래

율리우스력에서는 많은 문제점이 발견되었습니다.
그리하여 그레고리력이 탄생하게 되었습니다.
그레고리력이 국제력이 되기까지의 과정을 알아봅시다.

9

아홉 번째 수업
서력의 유래

메톤이 그레고리력의
유래에 대한 이야기로
아홉 번째 수업을 시작했다.

오늘날 가장 널리 사용되는 달력은 그레고리력이라 불리는 태양력입니다. 이번 시간에는 그레고리력이란 무엇이고 어떻게 해서 세계인이 이 달력을 사용하게 되었는지 알아보겠습니다.

그레고리력은 로마 제국에서 사용되던 율리우스력을 개정한 것입니다. 따라서 율리우스력을 사용하기 전에 고대 로마에서 사용하던 달력부터 이야기하겠습니다.

로마력의 기원

고대 로마를 건국한 로물루스 왕은 1년을 10달 304일로 하는 달력을 시행했습니다. 춘분을 1년의 시작으로 하여 '마르티우스(오늘날의 3월)'로부터 '데켐베르(오늘날의 12월)'까지 10달이 있었지만 겨울철에는 달력의 날짜가 없었습니다. 1달의 크기는 31일(4개월) 또는 30일(6개월)이었습니다.

제2대 왕인 누마(Numa) 폼필리우스는 기원전 710년경 겨울철에도 달을 두기 위해 두 달을 추가하였습니다. 이리하여 1년을 12달 355일로 하는 태음력이 확립되었습니다.

새로 추가된 달은 야누아리우스(야누스 신의 달, 야누스는 문

지기 신. 오늘날의 1월)와 페브루아리우스(정화의 달, 오늘날의 2월)로, 1년의 첫 달과 마지막 달로 삼았습니다.

그런데 1년의 날수는 304일에서 355일로 51일이 늘어났지만 늘어난 날수를 2달에 나누어 배정하면 26일과 25일밖에 되지 않습니다. 그래서 기존의 10달 중 날수가 30일인 달에서 하루씩을 줄여서 새로 추가된 2달에 배정하였습니다. 그리하여 야누아리우스는 29일, 페브루아리우스는 28일이 되었습니다.

특이하게 작은달의 크기가 30일이 아닌 29일이 된 이유는 로마 인들에게 짝수를 두려워하는 미신이 있었기 때문이라고 합니다. 하지만 페브루아리우스는 1년의 마지막 달일 뿐 아니라 지옥의 신에게 맡겨진 달이었기에 그냥 짝수로 남게 되었다는군요.

후에(기원전 450년경) 페브루아리우스는 야누아리우스(1월)와 마르티우스(3월) 사이로 옮겨져 1년의 2번째 달 2월이 되었습니다.

누마 왕이 시행한 달력은 일종의 태음력으로, 1태양년보다 10일 정도가 짧기 때문에 3년이 지나면 1달씩 차이가 벌어지게 되지요. 결국 세월이 흐르면서 계절과 차이가 크게 나게 되자 기원전 300년경부터는 2년마다 윤달을 두게 되었습니다.

달 이름	의미	로물루스	누마
마르티우스(Martius)	군신 마르스(Mars)의 달	31	31
아프릴리스(Aprilis)	대지를 깨는(aperio) 달	30	29
마이우스(Maius)	생장의 여신 마이아(Maia)의 달	31	31
유니우스(Junius)	번성의 여신 유노(Juno)의 달	30	29
퀸틸리스(Quintilis)	다섯 번째 달(quinque=5)	31	31
섹스틸리스(Sextilis)	여섯 번째 달(sex=6)	30	29
셉템베르(September)	일곱 번째 달(septem=7)	30	29
옥토베르(October)	여덟 번째 달(octo=8)	31	31
노벰베르(November)	아홉 번째 달(novem=9)	30	29
데켐베르(December)	열 번째 달(decem=10)	30	29
야누아리우스(Januarius)	문지기 신 야누스(Janus)의 달	–	29
페브루아리우스(Februarius)	정화의 달	–	28

고대 로마의 달 이름과 날수

로마력에서 윤달은 2월 23일과 2월 24일 사이에 넣었는데, 이렇게 특이하게 넣은 이유는 로마 인들이 날을 계산하는 방식과 관련이 있습니다.

윤달은 길이가 22일인 것과 23일인 것 2가지가 있어서 이것을 교대로 사용하였습니다. 따라서 고대 로마의 1년은 4년 주기로 355일, 377일, 355일, 378일이 되었습니다. 하지만 이런 식으로 윤달을 계속 넣어 가면, 4년의 길이는 태양력과 비교하였을 때 4일씩 길어져서 다시 계절과 맞지 않게 됩니다.

(355일+377일+355일+378일) − (365일×3+366일) = 4일

그래서 언제부터인가 윤달을 두는 제도가 사라지고 그리스인들처럼 되는 대로 윤달을 끼워 넣기 시작했습니다.

당시 로마의 공식 달력은 대신관(大神官)단이라는 신관들의 학교에서 제정했습니다. 하지만 대신관들이 정치적인 이해관계에 따라 특정 집정관이나 공직자들의 임기를 줄이거나 늘리기 위해 마음대로 달력을 고쳐서 달력의 혼란이 더욱 심해졌습니다.

그래서 기원전 190년에는 계절과의 오차가 무려 117일로 벌어지기도 했고, 또 기원전 140~70년에는 거의 일치하게 되기도 했습니다. 하지만 카이사르 때에는 다시 90일로 벌어지게 되었습니다.

율리우스력의 정의

지중해의 한 변방에 불과하던 로마는 점차 강성해져서 세계적인 제국으로 발전하기 시작했습니다. 이 시기의 로마 집정관이었던 카이사르는 이집트 원정을 통해 이집트의 간편한 태양력을 알게 되었습니다.

카이사르는 알렉산드리아의 천문학자 소시게네스

(Sosigenes)의 조언에 따라 기원전 45년부터 태양력을 바탕으로 하는 새로운 역법을 시행하게 되었습니다. 이것을 율리우스력(Julius 曆)이라 합니다.

율리우스력은 기원전 3000년경 이집트 제1왕조 때 1년을 365일로 하는 태양력을 근간으로 4년마다 하루씩 윤일을 두어 만든 것입니다. 따라서 율리우스력의 평년은 365일이고, 4년마다 윤일을 넣어 윤년에는 366일이 되었습니다.

율리우스력은 태양력이지만 그동안 로마에서 시행되던 로마력의 틀에 맞춰 제정되었습니다. 로마력의 1년은 355일이었으므로 10일이 늘어났는데, 이 늘어난 10일을 각 달의 끝

	달 이름	율리우스	아우구스투스
1월	야누아리우스(Januarius)	31	31
2월	페브루아리우스(Februarius)	29(30)	28(29)
3월	마르티우스(Martius)	31	31
4월	아프릴리스(Aprilis)	30	30
5월	마이우스(Maius)	31	31
6월	유니우스(Junius)	30	30
7월	율리우스(Julius)	31	31
8월	아우구스투스(Augustus)	30	31
9월	셉템베르(September)	31	30
10월	옥토베르(October)	30	31
11월	노벰베르(November)	31	30
12월	데켐베르(December)	30	31

율리우스력의 달 이름과 날수 변화

에 나누어 넣어서 달의 크기를 고르게 하였습니다. 그리하여 홀수 달은 31일, 짝수 달은 30일로 했습니다.

하지만 이렇게 12달을 배열하면 1년은 366일이 되므로 평년에는 하루가 남게 됩니다. 이 남는 하루는 로마력의 관습에 따라 2월에서 빼내었으므로 2월의 평년 날수는 29일이 되었습니다.

율리우스력을 시행할 당시 로마력에서의 춘분날은 누마 왕때(3월 23일)와 비교하면 3개월이나 늦어져 있었습니다. 율리우스력을 시행하기 전에 이를 바로잡아야 했으므로 율리우스력 시행 전해(기원전 46년)에 크기가 23일인 윤달과 67일인 윤달을 끼워 넣어 계절을 맞추었습니다. 따라서 그해는 1년의 길이가 445일이나 되는 역사상 가장 긴 해가 되었습니다. 이해를 '교란의 마지막 해'라고 부릅니다.

율리우스력은 기원전 45년 1월 1일부터 시행되었습니다. 하지만 율리우스력을 시행하면서 처음에 4년마다 두어야 할 윤년을 잘못하여 3년마다 두는 바람에(기원전 42~기원전 9년) 다시 3일의 오차가 생기게 되었습니다.

카이사르에 이어 로마의 첫 번째 황제가 된 아우구스투스는 기원전 6년~서기 4년에 윤년을 두지 않게 하여 이를 바로잡았습니다. 그 후 윤년은 서기 8년부터 4년마다 시행되었습니다.

달의 이름

한국에서는 흔히 달 이름을 부를 때 1월, 2월, 3월,……, 이런 식으로 숫자를 붙여 부르지요? 그런데 세계 여러 민족들은 고유한 달의 이름을 가지고 있는 경우가 많습니다.

예를 들어, 영어의 12달 이름은 다음과 같이 불립니다.

January, February, March, April, May, June, July, August, September, October, November, December

이 이름들은 이미 우리가 살펴본 로마력의 12달 이름에서 유래된 것입니다. 로마력의 달 이름은 라틴 어(고대 로마 어)의 형용사형 어원을 갖습니다. 그 이유는 그 뒤에 멘시스(mensis, 라틴 어로 '달'이라는 뜻)가 생략된 형태이기 때문입니다. 라틴 어 12달의 이름 속에는 달력이 만들어진 역사가 들어 있습니다.

라틴 어 달 이름의 유래를 알아보겠습니다.

1월 – 야누아리우스(Januarius, 영어 January)
'야누스(Janus)의 달'이라는 뜻입니다. 양면의 얼굴을 가진 야누스는 문을 수호하는 신입니다. 한 해의 첫 달을 야누스의 달이라고 이름 붙인 이유는, 문은 한쪽의 끝인 동시에 다른 한쪽의 시작이라는 의미가 있기 때문입니다.

2월 – 페브루아리우스(Februarius, 영어 February)

'페브루아(Februa)의 달'이라는 뜻입니다. 페브루아는 '정화 예식'이라는 뜻인데, 고대 로마의 사빈(Sabine) 지방에서 2월에 열렸던 속죄 행사였다고 합니다. 이달은 처음에는 1년의 마지막 달이었기 때문에 신년을 맞이하기 전에 더러운 것을 깨끗이 한다는 의미가 있었습니다.

3월 – 마르티우스(Martius, 영어 March)

'마르스(Mars)의 달'이라는 뜻입니다. 마르스는 전쟁의 신으로, 로마에서는 신들의 신인 유피테르(Jupiter, 그리스 신화의 제우스)에 버금가는 군신이었습니다. 그래서 고대 로마에서는 한 해의 첫 달로 삼았지만 그 후에 3월이 되었습니다. 3월은 봄의 시작인 동시에, 아직 추위가 물러가지 않은 상태여서 겨울과 봄의 싸움 중이라는 의미가 있습니다.

4월 – 아프릴리스(Aprilis, 영어 April)

'열리는 달'이라는 뜻입니다. 아프릴리스는 '열다'는 뜻의 라틴 어 아페리레(Aperire)에서 유래되었습니다. 4월은 꽃이 피고 새싹이 움트는 자연계의 만물이 열리는 때입니다.

5월 – 마이우스(Maius, 영어 May)

'마이아(Maia)의 달'이라는 뜻입니다. 마이아는 생장의 여신으로, 전령의 신 머큐리(Mercury)의 어머니이며 풍요를 상징하는 여신입니다. 5월은 모든 식물이 점점 성장하는 달입니다.

6월 – 유니우스(Junius, 영어 June)

'유노(Juno)의 달'이라는 뜻입니다. 유노는 로마 신화의 최고 여신으로, 결혼과 출산의 신입니다.

7월 – 율리우스(Julius, 영어 July)

'율리우스(Julius)의 달'이라는 뜻입니다. 율리우스는 로마 공화정의 마지막 집정관으로, 로마 제국의 기초를 닦고 율리우스력을 시행하였습니다. 원래 로마력의 7월은 퀸틸리스 (Quintilis, '5번째 달'이라는 의미)였으나 원로원이 퀸틸리스에

서 율리우스로 바꾼다고 선포하였습니다(기원전 44). 이달은
율리우스가 태어난 달이었습니다.

8월 – 아우구스투스(Augustus, 영어 August)

'아우구스투스(Augustus)의 달'이라는 뜻입니다. 아우구스
투스는 '고귀한 사람'이라는 뜻으로, 로마 제국의 초대 황제
였습니다. 원래 로마력의 8월은 섹스틸리스(Sextilis, 6번째 달
이라는 뜻)였습니다.

9월 – 셉템베르(September, 영어 September)

'7번째 달'이라는 뜻입니다. 셉템(Septem)은 라틴 어로 7이
라는 뜻입니다. 처음에 고대 로마의 달력은 10달밖에 없었는
데, 야누아리우스(1월)와 페브루아리우스(2월)가 1월이었던
마르스(현재 3월) 앞에 추가되면서 모두 2달씩 밀려나서 9번
째 달이 된 것입니다.

10월 – 옥토베르(October, 영어 October)

'8번째 달'이라는 뜻입니다. 옥토(Octo)는 라틴 어로 8입니
다. 영어 단어에 보면 octopus(문어)와 octave(옥타브)가 있는
데 모두 8과 관련이 있습니다. 퍼스(pus)는 '발'이란 뜻이므로

문어는 발이 8개란 뜻이 됩니다.

11월 – 노벰베르(November, 영어 November)

'9번째 달'이라는 뜻입니다. 노벰(Novem)은 라틴 어로 9를 의미합니다.

12월 – 데켐베르(December, 영어 December)

'10번째 달'이라는 뜻입니다. 데켐(Decem)은 라틴 어로 10 입니다.

라틴 어의 달 이름은 서구의 달력에까지 그대로 이어졌기 때문에 서구 여러 나라들의 달 이름에 남아 있습니다. 이처럼 서양에는 각각 고유한 달 이름이 있는데, 한국에는 고유한 달 이름이 없을까요?

한국에도 정월(1월), 동짓달(11월), 섣달(12월)과 같은 달 이름이 있습니다. 하지만 이런 달의 이름은 음력에 붙여졌기 때문에 양력에 그대로 사용하게 되면 음력을 사용하는 사람들과 혼동되는 문제가 있습니다. 그런데 순수한 한국어로 지어 놓은 달의 이름이 있다고 누군가 가르쳐 주었습니다. 그것을 소개하겠습니다.

1월 – 해오름달

새해에 새로운 해가 힘차게 솟아오르는 달이라는 뜻입니다.

2월 – 시샘달

2월은 입춘이 있고 봄이 다가오는 달로, 잎샘 추위와 꽃샘 추위가 있는 겨울의 끝 달입니다.

3월 – 물오름달

산과 들에 물오르는 달이라는 뜻입니다.

4월 – 잎새달

물오른 나무들이 저마다 잎을 돋우는 달이라는 뜻입니다.

5월 – 푸른달

마음이 푸른 모든 이의 달이라는 뜻입니다.

6월 – 누리달

온 누리에 생명의 소리가 가득 차 넘치는 달이라는 뜻입니다.

7월 - 견우직녀달

견우와 직녀가 만나는 아름다운 달이라는 뜻입니다.

8월 - 타오름달

하늘에서는 해가, 땅 위에서는 가슴이 타는 정열의 달이라는 뜻입니다.

9월 - 열매달

가지마다 열매 맺는 달이라는 뜻입니다.

10월 - 하늘연달

아침의 나라가 열린 달이라는 뜻입니다.

11월 - 미틈달

가을에서 겨울로 치닫는 달이라는 뜻입니다.

12월 - 매듭달

마음을 가다듬는 한 해의 끄트머리 달이라는 뜻입니다.

참 예쁘고 정감이 가는 이름입니다. 여러분은 어떤가요?

그냥 1월, 2월,……, 이렇게 부르는 것보다 한결 정감이 가지 않나요? 다만 견우직녀달은 순수 한국말도 아닐뿐더러 음력 7월 칠석을 연상시키니 다른 이름으로 바꿨으면 좋겠다는 생각이 듭니다.

달의 길이가 들쭉날쭉해진 이유

달력을 보면 누구나 한 번쯤 의문을 갖게 되는 게 있습니다. '왜 2월은 유달리 짧은가?'

'큰달과 작은달은 교대로 되어 있는데, 왜 8월부터는 그 규칙이 바뀌는가?'

그 이유는 모두 아우구스투스 황제와 관련이 있습니다. 로마력의 8월은 원래 섹스틸리스('섹스'는 로마 어로 6을 의미)였지요. 그런데 이달은 아우구스투스 황제의 생일이 있는 달이었습니다. 게다가 아우구스투스는 8월에 트라키아와 아크림 전투에서 크게 승리를 거둔 바 있습니다. 이런 이유로 로마 제국의 초대 황제였던 아우구스투스는 8월을 아우구스투스(영어의 August)로 바꾸었습니다.

그런데 8월이 30일짜리 작은달이라는 것이 문제가 되었습니다. 황제의 달이 작다는 게 마음에 안 들었던 아우구스투스는 8월을 큰달로 바꾸었습니다. 그렇지 않아도 작아서 평년에는 29일이던 2월에서 또 하루를 떼어 왔기 때문에 2월이 유달리 작은 28일이 된 것입니다.

또 큰달과 작은달의 배열 순서가 8월부터 뒤바뀌게 된 것도 아우구스투스의 달인 8월이 작은달에서 큰달로 바뀌었기 때문입니다. 다시 말해 7, 8, 9월이 연속 큰달이 되기 때문에 9월부터는 홀수 달을 작은달로 바꾸게 된 것입니다.

이처럼 우리가 현재 사용하는 태양력의 역사를 살펴보면 태양의 운행에 따라 1년의 길이가 정확하게 정해지긴 했지만, 달의 길이는 통치자의 마음대로 정해졌던 것입니다.

이런 좋지 않은 선례는 그 후 다른 황제에게도 이어졌습니다. 황제들은 저마다 자신이 태어난 달의 이름을 바꾸려고 하였습니다. 예를 들어, 악명 높던 네로 황제는 자신의 생일 달을 네로네우스(Neroneus)로 고쳤고, 또 영화 〈글래디에이터〉에 나오는 콤모두스 황제는 모든 달의 이름을 자신과 관련된 이름으로 바꾸었습니다.

　　하지만 이런 일은 모두 당대에서 끝났을 뿐, 황제가 죽은 후에는 다시 본래의 명칭으로 되돌아오게 되었습니다.

너 그거 알아? 영어에는 열두 달의 이름이 있다는 거.

우리도 있잖아. 1월, 2월, 3월,… 이렇게 말이야.

바보, 그건 숫자를 붙여 부른 거지.

하하하. 세계 여러 민족들은 고유한 달의 이름을 가지고 있어요. 예를 들어 영어의 열두 달 이름은 다음과 같지요.

January, February, March, April, May, June, July, August, September, October, November, December

이 이름들은 로마력의 열두 달 이름에서 유래된 것인데, 로마력의 달 이름은 뒤에 멘시스(달)가 생략되어 형용사형이지요.

정말 영어 이름이랑 비슷하군요.

1월 야누아리우스 → 야누스의 달
2월 페브루아리우스 → 페브루아의 달
3월 마르티우스 → 마르스의 달
4월 아프릴리스 → 열리는 달

그러면 한국에도 고유한 달 이름이 있나요?

한국에도 정월(1월), 동짓달(11월), 섣달(12월)과 같은 달 이름이 있어요. 하지만 이것은 음력에 붙여졌기 때문에 양력에는 사용할 수 없지요.

그렇군요.

그런데 선생님, 왜 2월은 다른 달보다 유달리 짧은가요?

그것은 아우구스투스 황제와 관련 있어요. 그는 8월에 전쟁에서 승리한 후 8월의 이름에 자신의 이름을 넣었지요.

그런데 8월이 작은달인 것이 맘에 안 들어 29일뿐이던 2월에서 또 1일을 빼고 8월을 큰달로 만든 거죠.

그래서 2월이 가장 작은달이 된 거군요.

8월에는 내 이름을 붙이도록 하라!

그래서 8월이 영어의 August군요.

안 그래도 작은데 또 가져가?

2월

8월

난 하루밖에 안 가져갔어!

현재의 달력이 탄생하기까지

율리우스력에서는 많은 문제점이 발견되었습니다.
그리하여 그레고리력이 탄생하게 되었습니다.
그레고리력이 국제력이 되기까지의 과정을 알아봅시다.

10

메톤이 현재의 달력이
만들어진 과정에 대해
열 번째 수업을 시작했다.

이번 시간에는 현재 가장 널리 사용하고 있는 달력이 만들
어지기까지의 과정을 알아보도록 하겠습니다.

우리가 사용하는 달력은 율리우스력을 개량한 것이므로 먼
저 율리우스력이 안고 있던 문제부터 알아보기로 하겠습니다.

율리우스력이 안고 있는 문제

율리우스력은 로마가 유럽을 지배하면서 유럽의 대표적인

달력이 되었습니다. 율리우스력은 16세기 말까지 1600년 이상 사용되었습니다.

하지만 율리우스력이 채택한 1년의 길이는 365.25일로, 정확한 1년의 길이인 365.2422일과 비교하면 0.0078일(약 11분 14초) 길게 잡은 셈입니다.

이 차이는 무시해도 될 만큼 아주 사소한 것 같지만 약 128년이 지날 때마다 날짜가 하루씩 늦게 가는 결과를 낳게 됩니다. 춘분을 기준으로 보면 128년마다 날짜가 하루씩 앞당겨지는 셈이 됩니다. 이 때문에 서기 4세기경에 이르러서는 춘분이 사흘이나 앞당겨지게 되었습니다. 작은 차이가 400년 동안 누적되어 3일이나 차이가 나게 되었던 것입니다.

당시 이 문제를 해결하기 위하여 325년에 니케아 공의회가 열리기도 했지만 근본적인 문제를 해결하지는 못하였습니다.

달력에서 열흘이 사라지다

문제는 부활절이었습니다. 당시 유럽의 국가들은 그리스도교를 국교로 삼고 있었는데, 그리스도교의 제례일 중 가장 중요한 부활절 계산에 혼란이 생겼던 것입니다. 부활절은 니케아 공의회에서 다음과 같이 정해져 있었습니다.

> 부활절은 춘분 후 첫 번째 오는 보름을 지나 첫 번째 일요일 날로
> 한다.
> 만일 첫 번째 오는 보름날과 일요일이 겹치면 그 다음 주 일요일이
> 부활절이 된다.

부활절은 춘분으로부터 정해지기 때문에 달력의 오차로 춘분이 앞당겨지면 부활절도 앞당겨지는 것이지요.

이런 혼란을 해결하기 위해 트리엔트 공의회(1545~1563년)에서 교황에게 역법 개정에 관한 권한을 부여했습니다. 마침내 1582년에는 3월 21일경이던 춘분이 열흘이나 앞당겨진 3월 11일이 되었습니다.

교황 그레고리우스 13세가 역법 개정 위원회에서 채택한 알로이시우스 릴리우스(Aloysius Lilius)의 제안에 따라 교황 칙령을 내려 1582년 10월에 시행되었습니다.

그 내용은 10월 4일(목요일) 다음 날을 10월 15일(금요일)로 하여 열흘을 건너뛴다는 것이었습니다. 다만 요일은 건너뛰지 않고 계속 이어 간다는 것이었습니다. 이렇게 하여 달력에서 갑자기 열흘이 사라지게 되었습니다.

또 앞으로도 이런 문제는 계속 발생할 것이므로 윤년의 횟수를 400년에 3번 줄이도록 다음과 같이 치윤법을 수정하였습니다.

일	월	화	수	목	금	토
	1	2	3	4	15	16
17	18	19	20	21	22	23
24	25	26	27	28	29	30
31						

1582년 10월 달력

서기 연도가 4로 나누어지는 해를 윤년으로 하되

서기 연도가 100으로 나누어떨어지는 해는 평년으로 하고,

서기 연도가 다시 400으로 나누어떨어지는 해는 윤년으로 한다.

이 규칙에 따르면 서기 1900년은 평년이 되고, 서기 2000년은 윤년이 됩니다.

수정된 윤년 규칙을 적용하면 1태양년의 길이는 365.2425일이 되는 셈입니다. 이것은 율리우스력 365.25일보다 1태양년 길이인 365.2422일에 더 가까운 값이 됩니다. 이렇게 수정된 태양력을 그레고리력이라고 합니다. 그레고리력은 현재 우리가 사용하는 달력입니다.

그레고리력이 국제력이 되기까지

그레고리력이 반포된 후 유럽의 모든 나라에서 바로 채택된 것은 아니었습니다. 수백 년에 걸쳐 많은 진통을 겪고 나서 이루어진 것입니다.

가톨릭 국가인 이탈리아와 에스파냐, 포르투갈은 칙령 반포와 동시에 따랐습니다. 하지만 프랑스, 벨기에, 네덜란드 등의 다른 가톨릭 국가들은 12월이 되어서야 동참했습니다. 신성 로마 제국의 독일 국가들은 1~2년 뒤에 사용하기 시작했습니다. 하지만 신교 국가들은 거부했습니다.

이 때문에 유럽 지역은 날짜 계산으로 혼란에 빠지게 되었습니다. 특히 독일 지역은 종교에 따라 도시마다 다른 달력을 쓰고 있어서 여행자들을 혼란스럽게 만들었습니다.

1700년에 이르러서야 독일과 덴마크의 신교 지역도 마침내 개정된 달력을 따랐습니다. 하지만 부활절 계산만큼은 그 후에도 예전 방식을 고집하였습니다.

스웨덴은 1700부터 1753년에 걸쳐 조금씩 수용하였고, 영국 연방은 1752년에야 받아들였습니다. 영국은 다른 나라보다 170년이나 늦어졌기 때문에 달력에서 열흘이 아닌 열하루를 빼야 했습니다. 당시 영국에서는 엄청난 대중의 저항과 폭동이 일어나기도 했습니다.

러시아를 비롯한 동유럽 국가들은 20세기에 들어와서도 율리우스력을 사용했습니다. 불가리아, 루마니아, 유고슬라비아 등은 1910년대에 들어서야 율리우스력을 완전히 버렸습니다.

러시아는 1917년, 러시아 혁명기까지 율리우스력을 계속 사용해 왔습니다. 따라서 러시아의 볼셰비키 혁명은 역사책에 10월 혁명으로 기록되어 있지만, 그레고리력으로는 11월 혁명이 되는 셈입니다. 러시아는 결국 혁명 후인 1918년 2월 달력에서 13일을 떼어 버리고 새 역법에 따랐습니다.

동방 정교회는 1924년에야 그레고리력을 받아들였습니다. 하지만 동방 정교회에서 부활절 계산만큼은 전통적인 방식을 따르고 있어서 유럽에서는 여전히 1년에 두 차례의 부활절이 공존하고 있습니다.

일본은 서구화가 한창이던 1873년에 그레고리력을 받아들였습니다. 한국은 1895년 음력 9월 9일에 내린 고종 황제의 조칙에 의해, 그해의 음력 11월 17일을 1896년 1월 1일로 해 그레고리력을 사용하기 시작했습니다. 1896년은 한국에서 처음으로 양력이 쓰인 해로, 이를 기념하여 연호를 건양이라 하고 이해를 원년(建陽元年, 양력을 세운 첫해라는 뜻)이라

했습니다.

중국은 1912년에 도입하여 1949년에 공산화되면서 공식적으로 사용하기 시작했습니다.

이렇게 하여 그레고리력이 전 세계로 퍼져 나가게 되었습니다. 물론 아직도 종교적인 목적으로 전통적인 달력을 사용하는 나라나 민족들이 있습니다. 그러나 그레고리력이 현재 국제적 표준력임은 분명합니다.

1년을 계산하는 데 어떤 달력보다 정확한 그레고리력도 3290년이 지나면 다시 하루의 차이가 생겨 다시 보정해 주어야 합니다.

왜냐하면 여전히 1년을 이루는 날수가 태양 주위를 도는 지구의 회전 주기와 완전히 일치하지 않기 때문이지요. 결국 우리가 해와 달의 운행 주기를 바탕으로 하는 달력을 사용하는 한, 매달 또는 매년에 속한 날수가 달라지는 것은 피할 수 없는 일입니다.

현재는 그레고리력의 윤년 규칙에 다음과 같은 단서 조항을 추가하였습니다.

서기 연도가 4,000으로 나누어지는 해는 평년이 된다.

이 수정 규칙에 따르면 서기 4000년이나 8000년은 윤년이 아닌 평년이 됩니다.

기원의 정의

우리는 흔히 연도 앞에 '서기'니 '기원전'이니 하는 용어를 붙입니다. 이런 용어는 어디서 유래된 것일까요?

서기 525년에 부활절을 확정하는 데 주도적인 일을 한 수도사 디오니시우스 엑시구스(Dionysius Exiguus, 500?~560?)

는 당시까지 사용되던 기원(紀元)을 변경하는 그리스도 기원을 도입하였습니다.

당시 알렉산드리아 교회는 자체적으로 디오클레티아누스 기원을 사용해 왔습니다. 디오클레티아누스 기원은 로마 황제 디오클레티아누스가 황제로 즉위한 해(서기 284년)를 기원으로 삼고 있었습니다.

그런데 문제는 이 황제가 기독교를 혹독하게 박해한 악명 높은 황제였기 때문에 디오니시우스는 그 기원을 탐탁지 않게 여겼습니다.

당시 교회에는 기원 원년을 예수 부활의 해로 하자는 의견이 있었지만, 디오니시우스는 예수 탄생의 해를 기원 원년으로 하기를 원했습니다.

그는 복잡한 고증을 거쳐 예수 탄생의 해를 계산하여 예수 기원을 정했습니다. 하지만 당시 그가 사용했던 계산 방식에 착오가 있었던 것으로 생각되어, 실제 예수가 탄생한 해는 기원전 4년 또는 7년으로 간주되고 있습니다.

서기(AD, 주님의 해: Anno Domini)라는 용어를 처음 사용한 사람은 8세기 영국 수도사이자 역사가인 비드(Bede)입니다. 또 기원전(BC, before Christ)이라는 용어는 그보다 거의 1000년 후인 17세기에 생겨난 용어입니다.

이슬람력에서는 헤지라 기원을 사용하고 있습니다. 헤지라는 마호메트가 메카로부터 메디나로 옮긴 해이며, 율리우스력으로 622년에 해당합니다.

한때 한국에서는 단군 왕검이 고조선을 개국한 해를 기원으로 하는 단군 기원을 사용하기도 했습니다. 단군 기원은 1948년 9월 25일에 제정되어 단기라는 연호로 공식 사용했습니다. 단기는 1961년까지 사용되었고, 1962년 1월 1일(단기 4295년 1월 1일)부터 다시 서기를 공식적으로 사용하게 되었습니다.

그동안 세계인들은 자신들의 문화와 종교의 기준에 맞는

달력을 사용해 왔으므로 기원을 다르게 사용하는 것입니다.

　그런데 이런 기원을 따질 때 주의해야 할 것이 하나 있습니다. 서기는 1년부터 시작되었기 때문에 서기 0년이 없다는 것입니다. 즉, 기원전 1년 다음 해는 기원전 0년이나 서기 0년이 아니라 서기 1년이 된다는 뜻입니다.

　따라서 20세기의 마지막 해는 1999년이 아니라 2000년이고, 21세기의 시작은 2000년 1월 1일이 아니라 2001년 1월 1일이 되는 것입니다.

우리가 사용하는 이 달력이 만들어지기까지는 어떤 과정이 있었을까?

글쎄….

현재 우리가 사용하는 달력은 율리우스력을 개량한 거예요.

율리우스력은 1582년 10월에 처음 사용된 달력이지요.

그렇군요. 율리우스력에도 문제점이 있었나요?

16세기 말

율리우스력

네. 율리우스력이 채택한 1년의 길이는 365.25일로, 보다 정확한 1년의 길이인 365.2422일보다 0.0078일 정도 길게 잡힌 셈이지요.

그 정도 차이는 무시해도 될 만큼 아주 사소한 것 같은데요.

1년 = 365.2422일
율리우스력 = 365.25일
차이 = 0.0078일

그렇지 않아요. 당시 유럽의 국가들은 그리스도교를 국교로 삼고 있었는데, 달력의 오차로 춘분이 앞당겨지면 부활절도 앞당겨지게 되었지요.

그런 종교적인 문제가 있었군요.

춘분을 기준으로
128년마다 날짜가
하루씩 당겨지니까
부활절도
당겨지네 …

이런 혼란을 해결하기 위해 트리엔트 공의회에서 교황에게 역법 개정에 관한 권한을 부여하여 윤년의 횟수를 조정하였죠.

새로운 기준을 적용하기 시작한 것이군요.

역법 개정에 관한
권한을 부여하오~

율리우스력 365.25일보다 1태양년 길이인 365.2422일에 더 가까운 값이고 이렇게 수정된 태양력을 그레고리력이라 불러요.

그렇게 수정된 그레고리력이 현재 우리가 사용하는 달력이군요.

그레고리력, 한 번쯤 들어본 것 같아요.

11

좋은 달력 판별법

어떤 달력이 좋은 달력일까요?
역사 속에 스쳐간 달력을 통해 어떤 달력이 좋은지 알아봅시다.

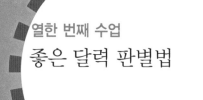

열한 번째 수업

좋은 달력 판별법

메톤의 열한 번째 수업은
좋은 달력을 판별하는
방법에 관한 내용이었다.

　이번 시간에는 달력이란 무엇이며, 어떤 달력이 좋은가에
대해서 생각해 보겠습니다.

　인류가 사용해 온 달력을 여기서 모두 소개할 수는 없지만
달력의 수는 민족의 수만큼이나 많을 것입니다. 그 많은 달력
들 중 어떤 달력이 좋은 달력이며, 과연 우리는 어떤 달력을
사용하는 것이 좋을까요?

달력은 사람들 간의 약속

달력은 사람들 사이의 약속입니다. 그러나 그 약속은 자연의 변화와 어울릴 때만 불편없이 오래 지속될 수 있습니다.

달력의 첫째 목적은 그것을 사용하는 사람들에게 정확한 날짜를 알려 주는 것입니다. 달력의 날짜를 정하는 한 가지 방법은 사용하는 사람들의 편의에 따라 임의로 약속을 정해 사용하는 것입니다.

예를 들어, 당장 오늘을 2000년 1월 1일이라고 약속하고 모든 사람들이 그것을 받아들인다면 아무런 문제가 되지 않습니다. 또 일주일을 5일로 해도 되고, 1년을 10달이나 20달

로 해도 상관없는 것입니다.

하지만 이렇게 정해진 달력으로는 계절의 변화나 달의 위상 변화와 같은 자연 세계의 모습을 예측할 수가 없으므로 불편할 수밖에 없습니다. 이 때문에 사람들은 자연의 시간에 맞추어 날짜를 정하는 달력을 사용하게 된 것입니다.

양력과 음력 비교

태음력과 태양력은 1달의 길이를 정하는 방법에서 커다란 차이가 있습니다. 1달의 길이를 정할 때 양력은 1년을 단순히 12로 나눈 데 비해, 음력은 달의 삭망 주기를 기준으로 삼았습니다.

만일 자연의 시간을 가장 잘 표현하는 달력이 가장 좋은 달력이라고 한다면 분명히 태양력보다는 태음력이 더 좋은 달력입니다.

　특히 태음 태양력은 천문학적으로 대단히 정밀한 달력입니다. 이 달력으로 매달 1일은 새로운 달이 시작되는 날이고, 매달 15일 밤에는 보름달이 뜹니다. 또 이 달력을 이용하면 일식과 월식의 예측도 가능합니다. 그만큼 천체 현상과 밀착되어 만들어졌기 때문이지요.

　반면 태양력은 가장 뛰어나다는 그레고리력조차도 1년의 길이에 관해서는 매우 정확하지만, 그 밖에 다른 천문 현상을 예측하는 데에는 전혀 도움이 되지 않습니다. 더구나 이 달력은 1달의 시작 일 뿐 아니라 1년의 시작 일조차도 특별한 의미가 없습니다.

　달력이 만들어진 이후 태양력은 지금까지 몇 차례 바뀌었을 뿐이지만 태음 태양력은 지속적으로 바뀌어 왔습니다.

　태음 태양력의 종류는 100가지에 달합니다. 중국은 거의 왕조마다 다른 태음 태양력법을 시행하여 50여 가지나 되는 역법이 시행되었습니다.

　중국에서는 정확한 1년의 길이를 얻기 위해 끊임없이 노력하였습니다. 그리고 천체의 운행을 더욱 정확하게 반영하고

자 새로운 값이 얻어지면 곧바로 새로운 달력에 반영하였습니다.

다음 표는 중국에서 사용되었던 대표적인 몇 가지 역법과 그에 따라 1년의 길이가 어떻게 변해 왔는가를 보여 줍니다.

시대	달력 이름	1년의 길이
춘추 전국 시대	사분력(四分曆)	365.2500
서기 206년 유홍(劉洪)	건상력(乾象曆)	365.2462
463년 조충지(祖忠之)	대명력(大明曆)	365.2428
822년 서앙(徐昻)	선명력(宣明曆)	365.2446
1199년 양충보(楊忠輔)	통천력(統天曆)	365.2425
1281년 곽수경(郭守敬)	수시력(授時曆)	365.2425
1644년 탕약망(湯若望)	시헌력(時憲曆)	365.2422
현대		365.2422

태음력에서 사용한 1년의 길이

인류가 사용해 온 달력의 형태는 문화권이나 정부의 통치 형태와 관련이 있습니다. 태음력은 아무나 만들 수 없는 달력이었기에 중앙 정부에서 제작하여 시행하였습니다. 이러한 달력은 권위의 상징이며 권력 강화의 수단이기도 하였습니다. 반면 태양력은 원리만 알면 누구나 쉽게 만들 수 있었고 생활의 편리에 바탕을 두었습니다.

전통적으로 동양의 달력은 태음력이었고, 서양의 달력은 태양력이었습니다. 동양과 서양에서 사용된 달력의 차이는 천문학 연구에도 영향을 미쳤습니다.

태음력을 만드는 것은 어려운 일이었기 때문에 동양의 천문학자들은 달력을 만들기 위해 주로 태양과 달의 운행을 연구하였습니다. 반면 서양의 천문학자들은 달력 제작과 무관하게 천문학을 연구할 수 있었습니다.

이러한 차이는 결과적으로 서양의 과학이 비약적으로 발전하는 과학 혁명을 낳았습니다. 그 후 과학 혁명은 산업 혁명으로 이어져서 오늘날 서양의 과학 기술이 동양을 앞서는 결과를 낳게 되었습니다.

한국에서는 한동안 양력과 음력의 사용 여부를 둘러싸고 논란을 거듭하기도 했지요.

하지만 어떤 달력이 합리적이고 과학적인가에 대한 논쟁은 중요하지 않습니다. 왜냐하면 달력의 사용은 실용적인 필요에 의해서 더 많이 결정되기 때문이지요.

그레고리력의 문제점

오늘날 전 세계적으로 널리 사용되는 그레고리력은 다음과 같은 불합리한 점을 내포하고 있습니다.

첫째, 1년의 시작에 대한 것입니다.

1년이 태양의 공전 주기를 이용한 것이라면 한 해의 시작인 1월 1일은 천문학적으로 어떤 의미가 있어야 할 것입니다. 하지만 현재 태양력의 1월 1일은 천문학적으로 아무런 의미가 없으며, 서양의 역사상 우연히 결정된 것에 불과합니다.

둘째, 1달의 길이에 대한 것입니다.

1년을 평균하여 정해진 1달의 길이는 서로 같거나 기껏해야 하루 정도밖에 차이가 나지 않아야 할 것입니다. 하지만 그레고리력은 2월만이 유난히 짧아서 28일(윤년에는 29일)밖에 되지 않는데, 이것 역시 서양 역사상 우연에 의하여 결정된 것에 불과합니다.

셋째, 달의 배열에 관한 것입니다.

달의 크기가 큰달과 작은달이 있는 것은 피할 수 없다고 하더라도 그 배열에는 어떤 규칙이 있어야 할 것입니다. 그러나 현재의 태양력은 날수가 31일인 큰달과 30일인 작은달의 배열 순서에 규칙이 없습니다. 이것 역시 서양 역사상 우연에 의해 결정된 것입니다.

넷째, 매년 달력의 날짜와 요일이 달라진다는 것입니다.

매년 달력이 바뀐다는 것은 좋은 점도 있겠지만 달력을 계속 새로 만들어야 하므로 비용도 계속 들어가고 장기적인 계획을 세우기에도 불편한 점이 있습니다.

이와 같은 그레고리력의 결점을 보완하려는 시도는 여러 차례 있었습니다.

프랑스 혁명력

1789년, 프랑스에서는 왕정에 반대한 시민들에 의해 혁명이 일어났습니다. 새로 구성된 혁명 정부는 여러 가지 혁신적인 개혁을 단행했는데, 우리가 잘 아는 미터(m)법도 이때 시행되었습니다. 미터법은 십진법을 바탕으로 만들어진 도량형 체계지요.

혁명 정부는 모든 단위를 십진법 체계로 바꾸면서 시간과 달력의 단위도 바꾸었습니다. 이렇게 해서 하루는 10시간, 1시간은 100분, 1분은 100초로 정해졌습니다.

혁명 정부가 시행한 달력은 태양력으로 프랑스 공화력이라 불립니다.

프랑스 공화력은 하루의 시작을 자정으로 하고, 한 해의 시작을 춘분으로 정했습니다. 또 주 7일제를 폐지하고 10일을

1순으로 하여 1달을 3순(상순, 중순, 하순)으로 나누었습니다. 1년에는 12달을 두고 1달은 30일로 똑같게 하고 나머지 5일은 이집트력과 같이 한 해의 마지막에 두어 공화력의 윤일, 즉 노동일과 언론일 등의 국가적인 휴일로 삼았습니다.

달의 이름도 계절에 맞춰 그달에 나타나는 날씨의 특징을 살려 붙였습니다. 계절에 따라 3달씩 묶어서 달 이름의 어미를 통일하였습니다. 이 때문에 달의 이름만 보아도 어느 계절인지 알 수 있고, 그달에 나는 과일까지도 알 수 있어 편리해졌습니다.

하지만 프랑스 공화력은 혁명 정부가 무너지고 나서 나폴레옹이 황제로 즉위한 이듬해(1805년)에 폐지되었고, 다시 그레고리력으로 되돌아갔습니다.

구 소련의 혁명력

구 소련에서는 1923년에 생산력 증대와 주 7일제 종교 의식의 말살을 염두에 두고 주 5일제를 바탕으로 하는 혁명력이 시행된 적이 있습니다.

주 5일제는 일종의 차량 5부제와 같은 것으로, 노동자를 주 5교대로 하여 기계가 쉬지 않고 돌아가도록 하는 것이었습니다.

문제는 노동자에 따라 쉬는 날이 달랐기 때문에 가족들이 함께 나들이를 할 수가 없었고, 작업장에서는 회의를 할 때에 전체가 모일 수 없는 문제가 있었습니다.

그래서 1931년부터 주 6일제로 바뀌었지만, 결국 1940년부터 다시 그레고리력으로 돌아가게 되었습니다.

세계력

제1차 세계 대전이 끝난 후 세계는 국제 협력의 필요성을 느끼기 시작하였습니다. 1922년, 로마에서는 국제 천문학회가 개최되었습니다. 이때 달력을 바꾸는 문제가 논의되었고, 이듬해에 국제 연맹 주도로 달력 개량안이 공모되었습니다.

제안된 여러 안건 중 주목할 만한 것은 바로 세계력이었습니다. 미국의 아켈리스 여사는 1930년, 세계력 협회를 창립하고 세계적으로 보급 운동을 펼치기도 했습니다.

세계력은 그레고리력을 합리적인 태양력으로 바꾸자는 안으로, 그 핵심은 날짜와 요일을 고정하자는 것입니다.

그 내용은 1년을 13주 91일씩 4기(계절)로 나누고, 각 기는 30일, 31일, 30일의 3개월로 하며, 각 기의 첫날은 일요일, 마지막 날은 토요일로 하자는 것입니다.

그런데 이렇게 가정하고 1년을 정하면 1년의 길이는 91일 ×4 =364일이 되므로 평년에는 1일, 윤년에는 2일이 남게 되지요. 평년에 남는 1일은 세계일로 하여 12월 31일에 넣고, 또 4년마다 돌아오는 윤일은 윤년일로 하여 6월 31일로 하되 요일이 없는 날로 하자는 것입니다. 이렇게 요일이 없는 날을 넣으면 달력은 더 이상 해마다 요일이 바뀌지 않으므

로 고정된 달력을 쓸 수 있게 되는 것이지요.

이 안건은 국제 연맹과 국제 연합의 의제로까지 상정되었으나 회원국의 찬성을 얻지 못하여 보류되었다가 1956년 4월, 세계력 협회가 해산되면서 실패로 돌아갔습니다.

달력이 불합리하다고 해도 오랫동안 익숙하게 사용해 오던 달력을 하루아침에 바꾼다는 것은 쉬운 일이 아닙니다. 프랑스 공화력과 세계력이 실패했고, 그레고리력도 세계 각국에 보급되는 데 수백 년이 걸렸다는 것은 그만큼 달력을 바꾸기가 어렵다는 뜻입니다. 그 이유는 달력이 근본적으로 어느 한 나라에서만 사용되는 것이 아니라는 데 있습니다. 오늘날과 같은 국제 교류 시대에 나라마다 달력이 다르다면 외교나 통상에서 여러 가지 불편한 문제와 착오가 발생할 것이기 때문입니다.

인류는 달력을 만들기 위한 노력을 3만 년 이상 계속해 왔습니다. 그럼에도 불구하고 달력은 여전히 미완성이라 할 수 있습니다. 세월이 흘러가면 시각 자체도 바뀝니다. 어쩌면 달력을 완성하는 작업은 영원히 계속되어야 할지도 모릅니다.

날과 **달**의 **길이 변화**

처음부터 정확한 달력을 만드는 것은 불가능합니다.
조석으로 지구의 시간이 변하는 이유를 알아봅시다.

12

마지막 수업

날과 달의 길이 변화

메톤이 오래된 조개 화석을 들고
마지막 수업을 시작했다.

　달력이 다양하게 많은 이유는 따지고 보면 1년의 날수나 삭망월의 날수가 딱 떨어지지 않기 때문에 생겨난 것이지요. 다시 말해 1년은 365일을 약간 넘고, 삭망월은 29일을 약간 넘는다는 것이죠. 그런데 왜 1년이나 1달은 날수로 딱 떨어지지 않을까요? 따지고 보면 이 때문에 수많은 달력이 생겨나는 셈인데 말이지요.

　알고 보면 이것은 전혀 이상한 일이 아닙니다. 왜냐하면 1년이나 1달의 날수는 지구와 달이 태양과 지구 주위를 돌기 시작한 이후 계속 변해 왔으니까요. 다시 말해 처음부터 정확하고 영구불변인 달력을 만든다는 것 자체가 불가능한 일이었다는 거죠. 이제 그 이유를 알아볼까요?

조석이란 무엇인가?

바닷가에 사는 사람들은 바닷물의 수위가 하루에 2차례씩 높아졌다 낮아졌다 하는 것을 볼 수 있죠. 우리는 이것을 조석(tide)이라고 부르죠.

이러한 조석이 생기는 이유는 지구의 부피가 매우 크기 때문에 달(또는 태양)이 지구 표면의 각 지점에 미치는 인력에 차이가 있기 때문입니다.

달(또는 태양) 쪽을 향하고 있는 지표면에서 보면 바다 표면에 미치는 달(또는 태양)의 인력이 바다 밑 지각에 미치는 인력보다 크기 때문에 상대적으로 바닷물이 달(또는 태양) 쪽으로 더 많이 끌려가게 되는 것이죠.

이와 같은 조석을 일으키는 힘을 조석력이라고 하는데, 조석력은 달에 가장 가까운 지점에서 최대가 되고, 그 반대쪽 지점에서는 최소가 됩니다. 따라서 이 두 지점에서 해수면은 가장 많이 달 쪽으로 끌려가거나 작게 끌려가서 수면이 높아지는 것입니다.

그리고 달은 지구 주위를 돌고 있으므로 이 두 지점도 따라서 돌게 되어 만조 후 약 6시간이 지나면 해수면이 가장 낮아지고 다시 약 12시간이 지나면 가장 높아지는 것입니다. 이렇게 해서 해수면이 하루에 2차례씩 주기적으로 오르내리게 되는 것입니다. 조석은 지구 전체로 보면 주기가 12시간 25분(태음일의 $\frac{1}{2}$)이 되는 2개의 파로 생각할 수 있습니다.

조석은 달과 태양이 서로 협력할 때, 즉 지구에 대하여 같은 쪽(삭)에 있거나 서로 반대쪽에 있을 때(만월) 가장 커지게 됩니다. 이때를 사리 또는 대조라고 합니다. 또 달이 반달(상

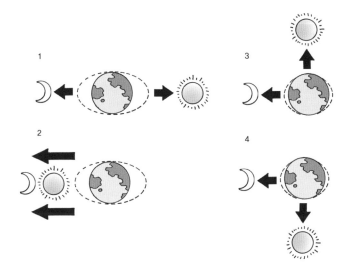

사리와 조금

현이나 하현)일 때는 태양과 달은 서로 직각 방향으로 힘을 작용하여 조차가 작아지는데, 이때를 조금 또는 소조라고 합니다.

그런데 실제 바닷물의 운동은 달과 태양의 인력 외에도 관성이나 해안 지형 그리고 해저 마찰 등의 영향을 받기 때문에 실제로 사리가 되는 것은 삭과 보름 전후 1~2일의 차이가 생깁니다.

또 바닷물이 해안으로 밀려 들어와 해수면이 가장 높을 때(만조)와 낮을 때(간조)의 차이를 조차 또는 간만의 차라고 합니다. 조차의 크기는 바닷가나 바다 밑의 지형에 따라 달라지는데, 해수면은 보통 1m 정도 변하지만 좁은 해협에서는 조차가 15m에 이르기도 합니다. 한국 서해안의 간만의 차는 인천만에서 최고로 9m에 이르며, 대체로 5m 이상이어서 세계적으로도 큰 편에 속하지요. 그렇지만 남해안은 2m 내외이고, 동해안은 0.3m 내외로 작은 편에 속합니다.

조석은 해수면에만 작용하는 것이 아니며 단단한 지구 표면에도 작용합니다. 이것을 지구 조석이라 하는데, 우리는 느끼지 못하고 있지만 지구 표면도 하루에 2차례씩 30cm 정도의 폭으로 오르내리고 있습니다.

언젠가는 하루와 1달의 길이가 같아진다!

달이나 태양이 지구에 미치는 조석력은 단순히 바닷물을 끌어당기는 데만 그치지 않고 지구의 자전 운동에 영향을 미칩니다. 조석력에 의해서 끌려간 바닷물은 달의 공전을 따라 천천히 움직이지만 지구는 이보다 빠르게 자전하고 있습니다. 그래서 바닷물과 해저 지면 사이에는 마찰이 생기는데, 이 마찰이 결과적으로 지구의 자전을 방해하는 셈이 됩니다.

이 현상을 조석 마찰이라 하는데 조석 마찰로 지구의 자전 속도는 점차 늦어지고 있습니다. 늦어지는 정도는 아주 작아서 100년에 $\frac{1}{500}$초, 5만 년에 1초 정도 길어지는 것입니다.

이와 같은 지구의 자전 속도의 감소는 지구가 달과 동주기 자전할 때까지, 다시 말해 동일한 지구 표면이 달을 향하게 될 때까지 계속됩니다.

이런 동주기 자전 효과는 지구도 달에 영향을 미치고 있습니다. 달에 미치는 지구의 조석력은 달이 지구에 미치는 조석력보다 훨씬 강력하기 때문에 달은 이미 자전 속도와 공전 속도가 같아져 있습니다.

그래서 지구에서 볼 때 달은 항상 같은 면이 지구를 향하고 있어서 우리는 달의 절반인 앞면밖에 볼 수 없고 뒷면은 볼

수 없는 것입니다. 이와 같은 동주기 자전 현상은 태양계의 큰 위성들에서 흔히 볼 수 있습니다.

4억 년 전에는 1년이 400일이었다!

조석 마찰로 지구의 자전 속도가 5만 년에 1초 정도 늦어진 다고 했죠. 어떤 사람은 그것은 너무 작아서 무시할 수 있다 고 생각할지도 모르겠군요.

하지만 지구의 나이는 수만 년이나 수천만 년 정도가 아니 라 46억 년이나 됩니다. 따라서 지구 역사 전체로 보면 이것은 결코 무시할 수 없는 양입니다. 예를 들어, 지구의 자전은 지금으로부터 3억 8000만 년 전인 고생대의 데본기에는 자금보다 빨랐습니다.

3억 8000만 년 ÷ 5만 년 ÷ 3,600초 = 2.11시간

이 시기에는 지구의 하루는 24시간이 아니라 22시간이었습니다. 또 1년은 365일이 아니라 398일이었습니다.

그것이 사실이냐고요? 이러한 사실은 당시에 서식했던 산호나 스트로마톨라이트 화석을 통해서 확인이 됩니다.

산호는 얇고 신선하며 가느다란 탄산칼슘 띠를 하루에 한

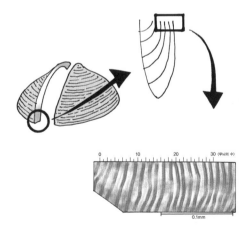

1500만 년 전 조간대에서 서식하고 있던 조개 화석의 단면

줄씩 만듭니다. 우리는 이 띠를 세어 보면 산호의 성장 기간을 알 수 있습니다.

그런데 고생대 데본기에 서식했던 주름산호의 띠는 평균 400개 정도임이 밝혀졌습니다. 이것은 당시 1년이 400일이었다는 것을 말해 줍니다. 또 당시 1달은 30.6일이었으므로 1년은 $400 \div 30.6 \fallingdotseq 13$이 되어 13개월이었던 셈입니다.

하루는 데본기 이후에도 계속 늦어졌으므로 중생대가 시작될 때쯤인 2억 4700만 년 전에는 385일이었고, 신생대가 시작될 때쯤인 6500만 년 전에는 371일이 되었습니다. 그래서 오늘날에는 365일이 되었던 것이죠.

쌍각류 조개의 성장선도 산호와 비슷한 현상을 보여 줍니다. 쌍각류 조개의 성장 속도는 조개가 해저에 가라앉아 있을 때와 간조 때의 온도차에 의하여 무늬의 폭이 변합니다. 따라서 간조 때와 만조 때에 따라 변화하여 가장자리 부분에 나무의 나이테 같은 무늬를 만들면서 성장하는 것이죠. 이 무늬의 수와 폭을 조사하면 예전의 1삭망월의 일수가 현재보다 많았다는 것을 알 수 있죠.

어때요, 여러분! 흔히들 달력은 단순히 날짜를 써 놓은 것에 불과하다고 생각했었다면 우리가 얼마나 달력에 대해 많은 부분을 놓치고 있었는지 알겠지요.

지구상에는 밤낮의 교대나 계절의 변화, 달이 차고 기우는 등 여러 가지 주기적인 순환이 있으며, 지구에서 사는 모든 생명체는 이러한 자연의 순환 주기에 맞추어 살아갑니다. 우리가 흔히 지나쳐 온 달력이 얼마나 과학적이고 규칙성을 가진 위대한 산물인지를 이 수업을 통해 느낄 수 있었기를 바랍니다.

'메톤 주기'를 발견한
메톤 Meton, B.C. 460~?

메톤은 고대 그리스의 아테네에서 태어났습니다. 그는 기원전 433년 올림피아 제전에서, 고대 그리스에서 사용되던 태음력을 태양력에 일치시키기 위한 역법을 발표하였습니다.

당시 그리스에서는 우리가 흔히 음력이라 부르는 달력을 사용하고 있었습니다. 음력은 달의 모양이 변하는 주기(29.5일)를 한 달로 정한 달력인데, 1년에 12달을 두게 되면 날수가 354일밖에 되지 않습니다. 그래서 음력은 해가 거듭될수록 달과 계절이 점점 어긋나게 되므로 수년마다 1년에 한 달을 더 두어 13달을 만드는 방법으로 계절과 맞춥니다. 이렇게 추가한 달을 윤달이라고 합니다.

메톤 당시 그리스에서는 8년에 3번 윤달을 두는 방법을 사용하고 있었는데 8년이 지나면 양력에 비해 1.6일 정도 늦어집니다. 그래서 수십 년 정도 지나고 나면 달력이 다시 계절과 많이 어긋나는 것이었습니다.

메톤은 이런 문제를 해결하기 위해 하지를 관측하여 19년에 7번 윤달을 넣으면 계절과 잘 맞게 된다는 것을 발견하였습니다. 이것을 메톤 주기라 합니다.

이렇게 윤달을 두는 방법을 사용하면 19년이 지나도 음력은 0.0864일밖에 늦어지지 않아서 220년이 지나도 하루밖에 늦어지지 않아 당시로서는 획기적인 발견이었습니다. 이제 그리스 사람들은 오랫동안 달력을 고치지 않아도 계절과 잘 맞게 되므로 매우 편리했습니다.

그런데 동양에서는 이보다 훨씬 앞선 기원전 600년경에 이미 이 주기를 발견하여 장법(章法)이라는 이름으로 시행하고 있었습니다. 다만 아쉬운 점은 이를 발견한 사람이 누구인지 전해지지 않는데, 이런 점이 동양과 서양의 차이입니다.

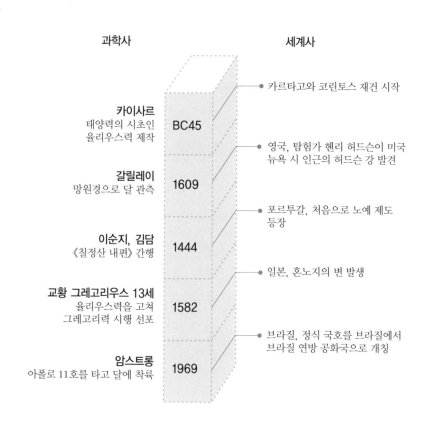

과 학 연 대 표
언제, 무슨 일이?

과학사

세계사

● 카르타고와 코린토스 재건 시작

카이사르
태양력의 시초인
율리우스력 제작

BC45

● 영국, 탐험가 헨리 허드슨이 미국
뉴욕 시 인근의 허드슨 강 발견

갈릴레이
망원경으로 달 관측

1609

● 포르투갈, 처음으로 노예 제도
등장

이순지, 김담
《칠정산 내편》간행

1444

● 일본, 혼노지의 변 발생

교황 그레고리우스 13세
율리우스력을 고쳐
그레고리력 시행 선포

1582

● 브라질, 정식 국호를 브라질에서
브라질 연방 공화국으로 개칭

암스트롱
아폴로 11호를 타고 달에 착륙

1969

1. 인류가 사용해 온 달력은 달의 위상 변화 주기에 맞춰서 만든 ☐☐ 과 해의 운행 주기에 맞춰서 만든 ☐☐ 으로 구분됩니다.

2. 밤과 낮은 지구가 ☐☐ 하기 때문에 생기고, 계절의 변화는 지구의 자전축이 기울어진 채 태양 주위를 ☐☐ 하기 때문에 나타납니다.

3. 달력 안에는 자연의 ☐☐ 가 들어 있습니다. 달력의 날은 밤낮이 되 풀이되는 주기이고, 음력의 달은 달의 위상 변화 주기입니다.

4. 하루의 길이는 태양과 별이 자오선상에 남중한 후 다음 남중할 때까지 로 정해진 ☐☐ 일과 ☐☐ 일이 있습니다.

5. 보름달에서 보름달까지 또는 삭에서 삭까지 날수는 29.53059일인데 이렇게 정의된 달을 ☐☐ 월이라고 합니다.

6. 달력에서 주 7일이라는 주기는 인위적으로 정해진 것이며, 요일의 이름 은 해, 달, 밝은 5개 ☐☐ 의 이름에서 따온 것입니다.

7. 음력 1달이나 양력 1년은 정확하게 날수로 나누어떨어지지 않기 때문에 어떤 해에는 윤일이나 윤달을 두는데, 그 방법을 ☐☐ 법이라고 합니 다.

1. 음력, 양력 2. 자전, 공전 3. 주기 4. 태양일, 항성일 5. 삭망 6. 행성 7. 치윤

위쪽 사진은 달의 앞면과 뒷면의 모습입니다. 사진에서 볼 수 있듯이 달의 앞면과 뒷면은 매우 다릅니다. 그럼에도 불구하고 우리가 보는 달의 표면은 항상 왼쪽 모습뿐입니다. 그 이유가 무엇일까요?

달의 공전 주기와 자전 주기가 똑같기 때문입니다. 다시 말해 달이 지구 주위를 한 바퀴 공전하는 동안 달은 한 바퀴 자전합니다. 그래서 우리는 뒷면을 볼 수 없는 것입니다. 이러한 현상을 동주기 자전이라고 하는데, 태양계 행성 탐사 결과 다른 행성들의 위성들도 동주기 자전을 하고 있음이 밝혀졌습니다.

그런데 왜 위성들은 동주기 자전을 할까요? 바로 위성의 모행성이 위성에 미치는 조석력 때문입니다. 조석력은 쉽게 말해 달이 지구에 밀물과 썰물을 일으키는 힘인데, 이러한 힘은 지구도 달에 미치고 있어서 달의 자전을 방해하여 느리게 만듭니다.

달이 처음 지구 주위를 돌기 시작했을 때 달은 지금보다 훨씬 빠르게 자전하고 있었습니다. 하지만 45억 년 동안 달의 자전 속도는 계속 느려졌고, 결국 달의 자전 주기는 달의 공전 주기와 같아지게 된 것입니다.

같은 이유로 달의 조석력도 지구의 자전을 느려지게 합니다. 이 때문에 지구의 하루 길이는 매년 100만분의 15초 정도씩 길어지고 있습니다. 그래서 1년의 날수도 그만큼 줄어들고 있으므로 달력은 계속 변하고 있는 셈입니다.